NA ESCOLA DO ESPÍRITO SANTO

Conheça nossos clubes

Conheça nosso site

@editoraquadrante
@editoraquadrante
@quadranteeditora
Quadrante

Título original
À l'école de l'Esprit Saint

Copyright © Éditions des Béatitudes, S.O.C., 1995

Capa
Gabriela Haeitmann

Dados Internacionais de Catalogação na Publicação (CIP)

Philippe, Jacques
Na escola do Espírito Santo / Jacques Philippe; tradução de
Louise Bianchi – 2ª ed. – São Paulo: Quadrante Editora, 2024.

ISBN: 978-85-7465-643-4

1. Santíssima Trindade 2. Santificação e santidade I. Título

CDD–231.1

Índices para catálogo sistemático:
1. Santíssima Trindade : Cristianismo 231.1

Todos os direitos reservados a
QUADRANTE EDITORA
Rua Bernardo da Veiga, 47 - Tel.: 3873-2270
CEP 01252-020 - São Paulo - SP
www.quadrante.com.br / atendimento@quadrante.com.br

JACQUES PHILIPPE

NA ESCOLA DO ESPÍRITO SANTO

2ª edição

Tradução
Louise Bianchi

Sumário

INTRODUÇÃO   9

Primeira parte
A SANTIDADE É OBRA DO ESPÍRITO   13

Segunda parte
COMO FAVORECER AS INSPIRAÇÕES?   25

Terceira parte
COMO RECONHECEMOS QUE UMA
INSPIRAÇÃO É DE DEUS?   43

CONCLUSÃO   65

Anexo 1
TEXTOS DE LOUIS LALLEMANT (1587-1635)   69

Anexo 2
TEXTOS DE SÃO FRANCISCO DE SALES
(1567-1622)   79

Anexo 3
LIBERDADE E SUBMISSÃO   89

Disse, então, sua mãe aos serventes:
Fazei o que Ele vos disser.

(Jo 2, 5)

Introdução

Ó meu Jesus, com quanta facilidade nos podemos santificar; é preciso apenas um pouquinho de boa vontade. Se Jesus percebe na alma esse pouquinho de boa vontade, apressa-se em entregar-se à alma, e nada pode detê-lo, nem os erros, nem as quedas, absolutamente nada. Jesus tem pressa em ajudar a essa alma e, se a alma é fiel a essa graça de Deus, em pouco tempo pode atingir o mais alto grau de santidade que uma criatura é capaz de atingir aqui na terra. Deus é muito generoso e a ninguém nega a Sua graça; até dá mais do que lhe pedimos. A fidelidade às inspirações do Espírito Santo é o caminho mais curto.

Esse bonito texto é tirado do diário da irmã Faustina[1]. Em sua simplicidade e concisão, passa uma mensagem extremamente importante para todos os que aspiram à santidade, ou seja, para todos que simplesmente querem responder do melhor modo possível ao amor de Deus. A grande questão dessas almas, sua angústia, por vezes, é saber como fazê-lo.

É possível que você, leitor, faça parte dos que nunca se preocuparam muito com essa questão.

---

1   Santa Maria Faustina Kowalska, *Diário*, 41ª edição, Apostolado da Divina Misericórdia, Curitiba, 2015, n. 291. Tradução de Mariano Kawka.
A irmã Faustina Kowalska nasceu em 1905 e morreu em 1938. Foi canonizada por São João Paulo II no dia 30 de abril de 2000. Essa religiosa polonesa recebeu de Jesus a missão de fazer o mundo conhecer mais da Misericórdia divina, em particular por meio de uma imagem do Cristo Misericordioso que mandou pintar.

NA ESCOLA DO ESPÍRITO SANTO

Talvez seu coração não tenha nunca conhecido essa aspiração de amar a Deus tanto quanto possível. Então, peço-lhe, suplique ao Espírito Santo que coloque esse desejo em você, e peça-lhe inclusive que nunca o deixe esmorecer! Então será feliz: *Bem-aventurados os que têm fome e sede de justiça, porque serão saciados*[2] (Mt 5, 6).

Para os que aspiram à plenitude do amor, toda indicação que permite iluminar o caminho, e sobretudo encurtá-lo, é extremamente preciosa. Quase ninguém tem consciência disso, mas, a meu ver, é tão necessário permitir que as almas santas se santifiquem ainda mais e mais rápido como é permitir que os pecadores se convertam; os benefícios à Igreja se equivalem. O mundo será salvo pela prece dos santos.

Por isso cremos ser de grande importância, mesmo não sendo todos os que compreendem essa linguagem, transmitir aos cristãos de hoje o melhor da mensagem dos santos, a fim de permitir-lhes progredir mais rapidamente em direção à perfeição do amor.

A chave deste caminho talvez seja saber em que concentrar nossos esforços. Nem sempre é fácil, nem sempre é o que imaginamos no princípio.

A irmã Faustina, nesta passagem, como em certas outras reflexões de seu diário, nos dá uma

---

2 A justiça na Sagrada Escritura é, mais do que o sentido que geralmente lhe damos, a atitude do homem cuja vontade «se molda» totalmente à de Deus ao amá-lo e amar o próximo; em outras palavras, é o que entendemos por santidade.

Introdução

indicação, fruto de sua experiência, que merece ser ouvida: a via mais curta é a da fidelidade às aspirações do Espírito Santo. Em vez de dispersar nossos esforços em áreas da nossa vida onde poderiam revelar-se estéreis ou pouco produtivos, irmã Faustina nos propõe que os concentremos principalmente neste ponto: estar atentos para reconhecer, acolher e colocar em prática as inspirações do Espírito Santo. É, de longe, o que será mais «recompensador».

Explicaremos por que e tentaremos em seguida descrever o que isso significa concretamente.

PRIMEIRA PARTE

A santidade é obra do espírito

A ilusão comum é pensar que a santidade seria obra do homem: trata-se de ter um programa de perfeição bem claro e de colocar mãos à obra com coragem e paciência para realizá-lo progressivamente. Tudo está aí. Infelizmente (ou felizmente) nem tudo está aí... De que é preciso coragem e paciência, não há dúvida. Mas que a santidade seja a realização de um programa de vida que nós nos fixamos, certamente não. Por várias razões, das quais invocaremos as duas principais.

1. A tarefa está além de nossas forças

É impossível atingir a santidade por nossas próprias forças. Toda a Bíblia nos ensina que ela só pode ser fruto da graça de Deus. Jesus nos diz: *Porque sem mim nada podeis fazer* (Jo 15, 5). E São Paulo: *Querer o bem está em mim, mas não sou capaz de efetuá-lo* (Rm 7, 18). Até mesmo os santos são testemunhas disso. Eis o que expressa São Luís Maria Grignion de Montfort sobre essa santificação que é o projeto de Deus para nós:

> Ó, que obra admirável: a poeira que vira luz, a sujeira, pureza, o pecado, santidade, a criatura, Criador e o homem que vira Deus! Obra admirável! Eu o repito,

mas que obra difícil em si e impossível por natureza; só Deus, por uma graça e uma graça abundante e extraordinária, pode levar tal obra a cabo; e a criação de todo o universo não é uma obra-prima tão grande quanto essa[1].

Quaisquer que sejam nossos esforços, não podemos nós mesmos nos mudar. Só Deus pode acabar com os nossos defeitos e limites por meio do amor; só Ele tem uma entrada tão profunda nos nossos corações para tanto. Estarmos conscientes disso nos evita combates inúteis e desânimos. Nós não devemos nos tornar santos por nossas próprias forças[2], e sim encontrar o meio de tornar possível que Deus nos faça santos.

Isso pede muita humildade (renunciar a essa pretensão orgulhosa de querer conseguir por nós mesmos, aceitar nossas pobrezas etc.), mas ao mesmo tempo é muito encorajador.

Se nossas próprias forças têm limites, por outro lado, a potência e o amor de Deus não os têm. E nós podemos infalivelmente conseguir que essa potência e esse amor venham socorrer nossa fraqueza. Basta-nos consentir tranquilamente e pôr em Deus toda a nossa confiança e esperança. No fundo é muito simples, mas, como todas as

---

1   São Luís Maria Grignion de Montfort, *Le Secret de Marie*, começo da primeira parte.

2   O que não quer dizer que não precisemos nos esforçar, mas que esses esforços, para que não sejam estéreis, devem se orientar na direção correta: não esforços para obter a perfeição como resultado, e sim para deixar que Deus o faça sem que encontre resistência, para abrir-nos o mais plenamente possível à sua graça que nos santifica.

A santidade é obra do espírito

coisas simples, nos são necessários anos para compreendê-las e vivê-las.

O segredo da santidade é, em certa medida, descobrir que podemos obter tudo de Deus, sob a condição de sabermos por onde «pegá-lo». É o segredo da via de Santa Teresa de Lisieux: Deus tem um coração de Pai e nós podemos conseguir dEle infalivelmente o que nos é necessário, se soubermos pegá-lo pelo coração[3]. Acredito que Teresa aprendeu essa ideia, de que podemos obter tudo de Deus, com aquele que foi quase que seu único mestre, São João da Cruz. Eis o que ele diz no *Cântico espiritual*:

> Grande é o poder e a porfia do amor, que ao próprio Deus prende e encadeia! Ditosa a alma que ama, pois tem a Deus por prisioneiro, rendido a tudo quanto ela quiser! Na verdade, é tal a condição de Deus que, se O levarem por bem, conseguirão dEle tudo quanto quiserem[4].

---

3 Aqui, uma passagem de uma carta de Santa Teresa que pode nos ajudar a perceber o que isso quer dizer: «Gostaria de fazê-los compreender por uma comparação bem simples como Jesus ama as almas, mesmo imperfeitas, que se confiam a Ele. Suponhamos que um pai tenha duas crianças travessas e desobedientes e que, indo castigá-las, vê que um treme e se distancia dele com terror, tendo no entanto no fundo do coração o sentimento de que merece ser punido, e seu irmão, ao contrário, se joga nos braços do pai dizendo que se arrepende de ter feito o que fez, que o ama e que, para prová-lo, será bom a partir de então; aí, se essa criança pede a seu pai que o castigue com um beijo, não acredito que o coração feliz desse pai possa resistir à confiança filial de seu filho, de quem ele conhece a sinceridade e o amor. Ele não ignora, entretanto, que mais de uma vez seu filho cairá nos mesmos erros, mas está disposto a perdoá-lo sempre se seu filho sempre pegá-lo pelo coração» (*Carta 258*).

4 *Cântico espiritual*, XXXI. Tradução das Carmelitas Descalças do Convento de Santa Teresa do Rio de Janeiro (Vozes, Petrópolis, 1960). Todas as citações de São João da Cruz serão retiradas dessa edição, salvo em caso de indicação diversa. (N. do E.)

NA ESCOLA DO ESPÍRITO SANTO

Essa frase audaciosa sobre a força que podem ter nosso amor e nossa confiança no coração de Deus encerra uma bela e profunda verdade. O mesmo São João da Cruz a exprime, aliás, em outros termos: «O que toca o coração de Deus e triunfa é uma firme esperança». E diz ainda sobre a alma esperançosa:

> O Amado [Deus] de tal forma nela se compraz, que, na verdade, se pode dizer que a alma dele alcança tanto quanto espera[5].

A santidade não é um programa de vida, mas algo que se obtém de Deus. Existem inclusive meios infalíveis de obtê-la; só é necessário compreender quais são... Nós todos temos o poder de nos tornarmos santos, simplesmente porque Deus se deixa vencer pela confiança que colocamos nEle. O que diremos em seguida tem como objetivo colocar-nos no caminho certo.

2. Só Deus conhece o caminho de cada um

Aqui está uma segunda razão pela qual não nos tornamos santos fixando-nos um programa: existem tantas formas da santidade e, portanto, tantos caminhos para a santidade quanto pessoas. Cada um é absolutamente único para Deus. A santidade não é a realização de determinado modelo

---

5   *Noite escura*, II, 21.

A santidade é obra do espírito

de perfeição que seria idêntico para todos. Ela é a emergência de uma realidade absolutamente única, que só Deus conhece e que só Ele sabe fazer eclodir. Cada um ignora em que consiste a própria santidade, isto só lhe é revelado ao longo do caminho e é, com frequência, algo bem diferente do que imaginaríamos, a ponto de o maior obstáculo em direção à santidade poder ser o fato de «se fixar» demais à imagem que se faz da própria perfeição...

A santidade que Deus quer de nós é sempre diferente, sempre desconcertante, mas no fim das contas infinitamente mais bela, porque só Deus é capaz de criar obras-primas absolutamente únicas, enquanto o homem só sabe imitar.

Isso tem uma grande consequência. Para acessar a santidade, o homem não pode se contentar em seguir princípios gerais que valem para todo mundo. É necessário também compreender o que Deus lhe pede em particular e que talvez não peça a mais ninguém. Como reconhecer isso? De diversas maneiras, claro: pelos eventos da vida, nos conselhos de um diretor espiritual e ainda por vários outros meios.

Entre estes, existe um cuja importância fundamental merece ser explicada. Trata-se das inspirações da graça divina. Em outros termos, trata-se das solicitações interiores, dessas moções do Espírito Santo no profundo de nossos corações, pelos quais Deus nos mostra o que está nos pedindo e ao mesmo tempo nos comunica qual a força

NA ESCOLA DO ESPÍRITO SANTO

necessária para conseguirmos fazê-lo, se pelo menos consentirmos. Falaremos mais adiante sobre como discernir e acolher essas inspirações.

Para nos tornarmos santos devemos, é claro, nos esforçar por colocar em prática a vontade de Deus tal qual nos é ensinada de maneira geral e válida para todos, pela Sagrada Escritura, pelos mandamentos etc. É também indispensável, como acabamos de dizer, ir mais longe: aspirar conhecer não somente o que Deus pede a todos de maneira geral, mas também o que espera de mim mais especificamente. É aí que entram essas inspirações de que falamos. Mas é necessário também afirmar que, mesmo naquilo que diz respeito a cumprir a vontade geral de Deus sobre nós, essas inspirações são necessárias.

A primeira razão é a seguinte: se nós aspiramos à perfeição, temos tantas coisas a praticar, tantos mandamentos e virtudes a viver, que nos é impossível combater em todas as frentes. É importante então saber, em um momento da nossa vida, qual virtude devemos priorizar, não segundo nossas ideias, mas segundo o que Deus pede efetivamente. Isso seria infinitamente mais eficaz, e não é sempre o que pensamos espontaneamente. Haveria muito a dizer a esse propósito: acontece com frequência de fazermos esforços desmedidos para progredir em algum ponto, enquanto que Deus nos pede outra coisa. Por exemplo, fazer esforços obstinados para corrigir um defeito de caráter, enquanto o que Deus nos pede é que o aceitemos

A santidade é obra do espírito

com humildade e doçura com relação a nós mesmos! As inspirações da graça são muito preciosas para que orientemos bem nossos esforços nos tantos combates que temos de enfrentar... Sem elas, arriscamo-nos muito a relaxar em alguns pontos ou a exigir de nós mesmos mais do que Deus nos pede, o que é tão grave quanto e mais frequente do que acreditamos. Deus nos chama à perfeição, mas não é perfeccionista, e a perfeição se dá não tanto pela *conformidade exterior a um ideal* como pela *fidelidade interior a inspirações*. Existe uma segunda razão, que a experiência demonstra. Com frequência, não temos forças para cumprir nem mesmo a vontade e os mandamentos de Deus que conhecemos porque são válidos para todo mundo. Então, cada vez que somos fiéis a uma moção do Espírito no desejo de sermos dóceis ao que Deus espera de nós — mesmo a propósito de algo em si quase insignificante —, essa fidelidade atrai para nós um acréscimo de graça e de força que poderá se aplicar a outras áreas e nos tornar talvez, um dia, capazes de praticar esses mandamentos que, até então, não tínhamos a força de praticar plenamente. É, poderíamos dizer, uma aplicação da promessa de Jesus no Evangelho: *Muito bem, servo bom e fiel; já que foste fiel no pouco, eu te confiarei muito* (Mt 25, 23). Podemos deduzir daí uma «lei espiritual» fundamental: *obteremos a graça de sermos fiéis nas coisas importantes, que nos são por enquanto impossíveis, de tanto sermos fiéis nas pequenas coisas ao nosso alcance* — sobretudo

NA ESCOLA DO ESPÍRITO SANTO

quando essas pequenas coisas são aquelas que o Espírito Santo nos pede ao tocar nosso coração por meio dessas inspirações.

Terminemos esta passagem com uma consideração, também fundamental, para avivar o nosso desejo de fidelidade a essas inspirações. Se nós nos propusermos esforços para realizar algum progresso espiritual segundo nossas ideias e nossos critérios, o sucesso está longe de ser garantido. Dissemos há pouco: entre o que Deus nos pede efetivamente e o que imaginamos que Ele pede, há, por vezes, uma bela diferença. Nós não obteremos a graça por fazer o que Deus não nos pede. Em contrapartida, é pelo que Ele espera de nós que a sua graça nos é assegurada: Deus dá o que ordena. Quando Deus nos inspira a fazer algo (se é verdadeiramente Ele que é a fonte da inspiração), Ele nos dá ao mesmo tempo a capacidade de realizá-lo, mesmo se aquilo nos exceder ou nos amedrontar num primeiro momento. Toda moção divina, ao mesmo tempo que é luz para compreender o que Deus deseja, é força para cumpri-lo: luz que ilumina a inteligência e força que anima a vontade.

3. A fidelidade à graça atrai outras graças

Eis um pequeno texto da irmã Faustina, também tirado de seu *Diário*.

> Hoje procurei rezar todas as minhas orações até a hora da bênção, porque me sentia mais doente que

A santidade é obra do espírito

de costume e, por isso, logo depois da bênção, fui me deitar. Mas, ao entrar no dormitório, de repente soube interiormente que devia entrar na cela da irmã N., porque estava precisando de ajuda. Assim que entrei nessa cela, a irmã N. me disse: «Oh, que bom que Deus enviou a irmã». E falava em voz tão baixa que eu mal podia ouvi-la. Disse-me: «Irmã, faça o favor de me trazer um pouco de chá com limão, porque estou com muita sede e não posso me mexer, estou sofrendo muito». Realmente, estava sofrendo muito e tinha febre alta. Atendi ao seu pedido, e com esse pouco de chá matou a sua sede. Quando entrei na minha cela, a minha alma foi envolvida por um grande amor a Deus, e compreendi como é preciso prestar atenção às inspirações interiores e segui-las fielmente. A fidelidade a uma graça atrai, em seguida, outras[6].

Esse texto ilustra bem certas coisas ditas aqui. E sublinha um ponto capital: cada fidelidade a uma inspiração é recompensada com graças mais abundantes, em particular com inspirações mais frequentes e mais fortes, havendo assim como um treinamento da alma em direção a uma fidelidade maior a Deus, uma percepção mais clara da sua vontade, uma facilidade maior para cumpri-la. São Francisco de Sales também o afirma:

> Quando aproveitamos bem uma inspiração que Nosso Senhor dá, Ele dá uma outra, e assim Nosso Senhor continua suas graças à medida que nós as aproveitamos[7].

---

6   *Diário*, n. 756.

7   Carta n. 2074 na edição de Annecy. O padre Ravier, apresentando os pontos essenciais da espiritualidade de São Francisco de Sales, afirma que «as

NA ESCOLA DO ESPÍRITO SANTO

E é esse o dinamismo fundamental que poderá nos conduzir pouco a pouco à santidade: nossa fidelidade a uma graça atraindo outras[8]. Santa Teresa do Menino Jesus também testemunha sobre esse «dinamismo da fidelidade» que torna cada vez mais fácil o cumprimento da vontade de Deus:

> A prática da virtude tornou-se para nós suave e natural; no começo, meu rosto deixava transparecer a luta, mas aos poucos essa impressão desapareceu e a renúncia passou a ser fácil para mim, quase espontânea. Jesus disse: «A quem possui dar-se-á mais e ficará na abundância». Em troca de uma graça fielmente recebida, dava-me muitas outras...[9]

A isso se soma uma graça de felicidade: mesmo se obedecer ao Espírito com frequência nos custa num primeiro momento, porque fere nossos medos, nossas amarras etc., essa obediência é sempre, no fim das contas, fonte de alegria e de felicidade — é acompanhada de uma efusão de graça que dilata o coração, que faz com que a alma se sinta livre e feliz de se encaminhar nas vias do Senhor: *Correrei pelo caminho de vossos*

---

inspirações são um dos meios dos quais o Espírito Santo se serve para guiar todos a cada instante. Discerni-las e segui-las é um dos pontos mais importantes da vida devota». Em São Francisco de Sales, *Lettres d'amitié spirituelle*, Desclée de Brouwer, Paris, p. 818. Em nossa tradução.

8 O que não quer dizer que tudo está perdido se, às vezes, somos infiéis. Falaremos mais disso adiante.

9 *História de uma alma*, manuscrito A. Todas as citações de Santa Teresa de Lisieux, salvo indicação contrária, são tiradas da edição brasileira das suas obras completas (3ª ed., Loyola, São Paulo, 2015).

A santidade é obra do espírito

mandamentos, porque sois vós que dilatais meu coração (Sl 118, 32). Deus nos recompensa largamente, com uma generosidade que é só sua. Trata-nos como é próprio de Deus... Há também aí uma lei espiritual, que a experiência confirma e que merece ser notada. Essa via da docilidade às moções do Espírito, se é muito exigente, porque *o espírito sopra onde quer* (Jo 3, 8), é ainda uma via de liberdade e felicidade, na qual a alma caminha sem empecilhos e também o coração não vai apertado, mas dilatado. Essa dilatação do coração é como um sinal manifesto da presença do Espírito.

O Espírito Santo é com justiça chamado de «Consolador». Os toques desse Espírito, que nos iluminam e nos levam a agir, quando acolhidos, além da luz e da força, derramam em nosso coração uma unção de reconforto e de paz que com frequência nos enche de consolo. Mesmo quando seu objeto seria de pouca importância, esses toques, como vêm do Espírito divino, participam do poder que Deus tem de nos consolar e nos preencher.

Apenas uma pequena gota da unção do Espírito Santo pode, sozinha, preencher nosso coração de mais contentamento que todos os bens da terra, porque participa do infinito de Deus[10].

---

10 Ricardo de São Vitor diz: «Ouse assegurar que uma só gota dessas divinas consolações pode fazer o que todos os prazeres do mundo não poderiam. Estes não podem encher o coração; e uma só gota da doçura interior que o Espírito Santo derrama na alma a regozija a não mais poder e lhe causa um santo torpor».

Derramais o perfume sobre minha cabeça, e transborda minha taça (Sl 22, 5). Essa unção do Espírito se alastra sem falha na alma daquele que faz o bem a que o Espírito o inspira. Encontramos então essa outra grande lei da vida espiritual: o que é verdadeiramente capaz de contentar nossos corações não é tanto o bem que recebemos como o bem inspirado por Deus que praticamos. Há mais felicidade em dar do que em receber.

Nós acabamos de mostrar a que ponto é fecundo acolher e seguir as moções do Espírito, a ponto de podermos dizer com Santa Faustina que é incontestavelmente o meio principal de nossa santificação. Diversas questões se colocam para nós: como reconhecer e discernir essas moções do Espírito? Todos recebem essas moções? Com que frequência? Como favorecer sua presença em nossa vida espiritual?

Nós tentaremos responder agora essas questões, começando pela última.

SEGUNDA PARTE
Como favorecer as inspirações?

Deus ama todos os homens com o mesmo amor e quer conduzir todos à perfeição, mas Ele tem caminhos bem diferentes para cada um. O que quer dizer que as inspirações da graça poderão ter frequências e manifestações muito diversas de uma pessoa a outra. Não se pode forçar o Espírito, e Deus é o mestre dos seus dons. No entanto, não podemos duvidar de que Deus dará a qualquer pessoa pelo menos as inspirações necessárias para sua própria santificação. Escutemos São Francisco de Sales:

> Oh! Felizes os que têm seus corações abertos às sãs inspirações! Porque nunca lhes faltam as que são necessárias para viver bem e devotamente em suas condições e para exercer de forma santa os encargos de sua profissão. Porque assim como Deus dá, por meio da natureza, a cada animal os instintos que lhe são necessários para a conservação e para o exercício de suas propriedades naturais, também, se não resistimos à graça de Deus, Ele dá a cada um de nós as inspirações necessárias para viver, operar e nos conservarmos na vida espiritual[1].

É necessário dizer também que essas moções do Espírito, mesmo tendo infelizmente pouco lugar

---

1 São Francisco de Sales, *Tratado do Amor de Deus*, VIII, 10. Em nossa tradução.

NA ESCOLA DO ESPÍRITO SANTO

na existência de muitos cristãos, não são algo de excepcional em si, mas fazem parte de um «funcionamento normal» da vida espiritual.

São Paulo sugere isso quando diz: *pois todos os que são conduzidos pelo Espírito de Deus são filhos de Deus* (Rm 8, 14), e também: *Se vivemos pelo Espírito, andemos também de acordo com o Espírito* (Gl 5, 25). Nós todos recebemos a adoção filial e a graça do Espírito Santo pelo Batismo. O fruto normal desse sacramento é a infusão na nossa vida do que chamamos em teologia de «dons do Espírito Santo», e eles têm por objetivo dispor a alma «a deixar-se facilmente mover pela inspiração divina»[2], nas palavras de São Tomás de Aquino. Esse santo acrescenta também que os dons do Espírito Santo tornam todas as faculdades da alma capazes de se submeter à moção divina[3].

Todo cristão deve então desejar e pedir essas graças de inspiração. Deus lhes dá certamente em maior ou menor medida e *a quem muito foi dado, muito lhe será exigido* (Lc 12, 48), como a quem foi dado menos, será exigido menos.

Além do mais, elas não são facultativas, pois podem ser decisivas para nosso progresso espiritual, e é da maior importância acolhê-las na nossa vida.

O que permite, concretamente, a manifestação das inspirações da graça? O que fazer para que o

---

2 São Tomás de Aquino, *Suma teológica*, Ia-IIae, q. 68, a. 1.

3 *Ibidem.*

Senhor nos beneficie tanto quanto possível nesse aspecto? Daremos aqui um certo número de condições que favorecem sua manifestação.

1. *Praticar o louvor e a gratidão*

O que nos impede de receber graças mais abundantes da parte de Deus é, talvez, simplesmente não reconhecermos suficientemente as que Ele já nos deu e agradecê-las. Sem dúvida, se agradecermos a Deus de todo o nosso coração por cada graça recebida, em particular pelas inspirações, Ele nos dará outras. Escutemos Santa Teresinha falando à sua irmã Celina:

> O que atrai mais graças do bom Deus é o reconhecimento, porque, se lhe agradecemos por um bem, Ele é tocado e se apressa em nos dar dez outros, e, se lhe agradecemos mais uma vez ainda com a mesma efusão, que multiplicação incalculável de graças! Fiz essa experiência; tente e verá. Minha gratidão é sem limite para tudo o que Ele me dá, e eu o experimento de todas as maneiras[4].

Não deve se tratar de um «cálculo», mas de trazer à consciência que nossa ingratidão para com Deus nos fecha em nós mesmos e põe uma barreira à sua graça. *Bendize, ó minha alma, ao Senhor, e tudo o que existe em mim bendiga o seu santo nome*, dizem

---

4 *Conselhos e lembranças recolhidos por Celina (Irmã Genoveva da Santa Face)*, em nossa tradução.

NA ESCOLA DO ESPÍRITO SANTO

os Salmos (102, 1). O louvor purifica o coração e o dispõe maravilhosamente para receber a graça divina e as moções do Espírito Santo.

2. Desejá-las e pedi-las

Certamente é necessário, depois, desejar e pedir as moções, com frequência, nas preces: *Pedi, e dar-se-vos-á* (Lc 11, 9). Esta deveria ser uma das súplicas que dirigimos a Deus continuamente: «Inspire-me em todas as minhas decisões e faça com que eu não negligencie nenhuma de suas inspirações».

Devemos pedi-lo em todas as circunstâncias de nossa vida. Em momentos mais delicados, em face de escolhas importantes ou quando temos a impressão de que nossa vida com o Senhor patina um pouco e deve ser revivificada, pode ser muito bom pegar alguns dias de folga e de oração mais intensa para pedir a luz do Espírito Santo. Seria surpreendente que Deus não respondesse com inspirações.

3. Decidir-se por não recusar nada a Deus

Ainda mais do que uma oração consciente e explícita sobre esse assunto, é importante haver em nós uma forte e constante *determinação de obedecer a Deus em todas as coisas*, grandes ou pequenas, sem nenhuma exceção. Quanto mais Deus nos vê nessa disposição de total docilidade, mais Ele nos favorece com essas inspirações.

Não digo que seja necessário sermos efetivamente capazes de obedecer a Deus em todas as coisas; isso é, sem dúvida, ainda impossível à nossa fraqueza. Mas é necessário sermos bem determinados nesse propósito e fazer com que, especialmente pela oração, nos fortifiquemos sem cessar na resolução de não negligenciarmos nenhuma das vontades que Deus poderia expressar para nós, mesmo que mínimas.

Notemos que essa determinação não deve se tornar um remorso, de que o demônio poderia se servir para nos desencorajar, ou um medo de «deixar passar em brancas nuvens a vontade de Deus» ou uma angústia de não compreendê-la. Nesse ponto e em outros tantos, devemos nos deixar conduzir pelo amor e não pelo medo e, como dizia São Francisco de Sales, devemos «amar a obediência ao invés de recear a desobediência»[5]. Devemos nos fortificar sem cessar na resolução de sermos dóceis com Deus, tomando cuidado para que o demônio jamais se sirva dessa docilidade para confundir-nos com inquietações ou para desanimar-nos quando de nossas inevitáveis falhas.

4. Praticar a obediência filial e confiante

Para conseguir que Deus nos revele mais sua vontade por meio das inspirações, é necessário começarmos por obedecer às vontades de Deus

---

5   Carta à Santa Joana de Chantal.

que nos são já conhecidas. Isso tem vários campos de aplicação.

Como já dissemos acima, cada fidelidade à graça atrai novas graças, sempre mais e mais abundantes. Se estivermos atentos em obedecer às moções do Espírito, estas se farão mais abundantes. Por outro lado, se formos negligentes, corremos o risco de que arrefeçam: *A todo aquele que tiver, dar-se-lhe-á; mas, ao que não tiver, ser--lhe-á tirado até o que tem* (Lc 19, 26), diz Jesus. Já é um primeiro princípio. Para obtermos mais inspirações, é preciso começarmos a obedecer àquelas que recebemos.

Em seguida, é evidente que Deus nos gratificará ainda mais com suas inspirações quanto mais nos vir fiéis no cumprimento de sua vontade, quando esta nos é significada por outras vias: os mandamentos, nosso dever de estado etc. Existem múltiplas expressões da vontade de Deus que nos são conhecidas sem que haja nenhuma necessidade de inspirações particulares: a vontade de Deus que se manifesta de maneira geral pelos ensinamentos da Sagrada Escritura, do Magistério da Igreja, das exigências próprias da nossa vocação ou da nossa vida profissional etc.

Se houver em nós um verdadeiro desejo de sinceridade em todas as áreas, Deus nos favorecerá ainda mais com as moções do seu Espírito. Se formos negligentes nos nossos deveres habituais, mesmo solicitando a Deus inspirações especiais, haverá pouca chance de que Ele nos ouça...

Também não nos esqueçamos de consentir, por amor a Deus, em todas as ocasiões legítimas de obediência que nos são apresentadas, nos campos da vida comunitária, familiar, social. É preciso obedecer mais a Deus que aos homens, certamente, mas é ilusão nos crermos capazes de obedecer a Deus se somos incapazes de obedecer aos homens. Há, na verdade, um mesmo obstáculo a se ultrapassar nos dois casos: o apego a si mesmo, à própria vontade. Quem só chega a obedecer às pessoas quando isso lhe agrada está apegado a doces ilusões quanto a sua capacidade de obedecer ao Espírito Santo. Se não estou jamais disposto a renunciar à minha própria vontade (minhas ideias, meus gostos, minhas amarras...) em face dos homens, o que me garante que serei capaz da renúncia quando Deus me pedir?

5. Praticar o abandono

Não esqueçamos, enfim, a forma de obediência que pode ser a mais importante e a mais negligenciada: o que poderíamos chamar de «obediência aos acontecimentos»[6]. Os acontecimentos da vida são,

---

6 Essa noção traz, evidentemente, um problema teológico e existencial difícil. Não se trata de cair no fatalismo ou na passividade, nem de dizer que tudo o que acontece é vontade de Deus: Deus não quer o mal nem o pecado. Muitas coisas que acontecem não são da vontade de Deus. Mas Ele as permite, no entanto, na sabedoria que continua a ser escandalosa para a nossa inteligência. Deus nos pede que façamos nosso possível para eliminar o mal. Mas acontece que, quaisquer que sejam nossos esforços, há todo um conjunto de circunstâncias sobre as quais não podemos fazer nada, que não são necessariamente desejadas por Deus, mas permitidas por Ele e às quais Deus nos convida a aceitar na confiança

no fim das contas, a expressão mais certa da vontade de Deus porque não têm risco de interpretação subjetiva. Se Deus nos vir dóceis aos acontecimentos, capazes de consentir tranquila e amorosamente ao que os eventos da vida nos «impõem», num espírito de confiança filial e de abandono à sua vontade, sem dúvida multiplicará para nós as expressões mais pessoais de sua vontade por meio da ação do seu Espírito que fala ao nosso coração.

Se, pelo contrário, não paramos de nos rebelar e endurecer frente às contrariedades, essa forma de desafio a Deus dificilmente permitirá que o Espírito Santo conduza nossa vida.

O que mais nos impede de nos tornarmos santos é, sem dúvida, nossa dificuldade de consentir plenamente com *tudo* o que nos acontece. Não no sentido de um fatalismo que nos tornaria completamente passivos, mas no sentido de um abandono confiante e total às mãos do Pai.

Quando somos confrontados com eventos dolorosos, se não nos rebelamos, sofremo-los de má vontade ou nos resignamos passivamente.

---

e na paz, mesmo se elas nos fizerem sofrer e nos contrariarem. Não é consentir com o mal, mas consentir com a misteriosa sabedoria de Deus, que permite o mal. Esse consentimento não é um comprometimento, e sim a expressão de uma confiança em Deus mais forte que o mal. Existe nisso uma forma de obediência dolorosa, mas fecunda. Ela significa que, depois de termos feito tudo o que está ao nosso alcance, somos convidados, diante do que permanece imposto pelos eventos à nossa vontade, a viver o abandono e a confiança filial em nosso Pai celestial, na fé de que *todas as coisas concorrem para o bem daqueles que amam a Deus* (Rm 8, 28). Para dar um exemplo, Deus nunca quis a traição de Judas ou a covardia de Pilatos (Deus não pode querer o pecado), mas Ele as permitiu e quis que Jesus consentisse filialmente a esses acontecimentos: *Pai, não se faça o que eu quero, senão o que tu queres* (Mc 14, 36).

Mas Deus nos convida a uma atitude muito mais positiva e fecunda: fazer como a pequena Teresa de Lisieux, que diz: *Escolho tudo.* Subentende-se: Escolho tudo o que Deus quer para mim. Não me contento em sofrer, mas, por adesão livre da minha própria vontade, *decido escolher o que não escolhi.* A santa tem esta frase: «Quero tudo o que me contraria»[7]. Exteriormente, isso não muda nada na situação, mas, interiormente, tudo se transforma: esse consentimento inspirado pelo amor e pela confiança me faz livre, ativo e não mais passivo ao obter um bem de tudo o que me acontece, tanto de bom como de mau.

6. *Praticar o desprendimento*

Não podemos acolher as moções do Espírito se formos rígidos, apegados a nossos bens, nossas ideias, nossas concepções etc. Para deixarmo-nos conduzir pelo Espírito de Deus, nos são necessárias uma grande docilidade e uma grande leveza, adquiridas pouco a pouco pela prática do desprendimento. Esforcemo-nos em não «fazer questão» de nada, nem materialmente, nem afetivamente, nem mesmo espiritualmente. Não, porém, no sentido de nos tornarmos alguém «que não está nem aí para nada», ou que é indiferente a tudo, nem de praticar um ascetismo forçado para desprovermo-nos de

---

7   Esta expressão é relatada pela sua irmã nos *Conselhos e lembranças.*

NA ESCOLA DO ESPÍRITO SANTO

tudo o que compõe a nossa vida; não é isso o que o Senhor nos pede geralmente.

Mas é preciso conservarmos nosso coração em uma atitude de desprendimento, manter-nos a salvo de tudo numa espécie de liberdade, de distância, de reserva interior que faz com que, se tal coisa, tal hábito, tal relação, tal projeto pessoal nos forem proibidos, nós não façamos disso um drama. Esse desprendimento deve ser praticado em todos os aspectos de nossa vida. Mas sem dúvida não é o aspecto material o mais importante. Às vezes somos muito mais impedidos no nosso progresso espiritual pelo apego a certas ideias, concepções, a nossas maneiras de fazer.

Escutemos o conselho de um franciscano do século XVI:

> Que tua vontade esteja sempre pronta para toda eventualidade. E que teu coração não se assujeite a nada. Quando um desejo formar-se em ti, que seja de maneira a não causar dor em caso de fracasso, mas a manter o espírito tão tranquilo como se nada tivesses desejado. A verdadeira liberdade consiste em não se ligar a nada. É assim, desprendida, que Deus quer tua alma para nela operar suas maravilhas grandiosas[8].

O apego a nossa própria «sabedoria», mesmo quando esta se coloca objetivos que são excelentes em si, é talvez o pior obstáculo à docilidade ao Espírito Santo. Obstáculo ainda mais grave é se

---

8   Juan de Bonilla, *Breve tratado da paz da alma*, em nossa tradução.

Como favorecer as inspirações?

esse apego for inconsciente, porque é evidentemente mais fácil não ser consciente de um apego à nossa própria vontade quando o que queremos é algo bom em si: como o objetivo visado é bom, nós nos justificamos por querê-lo com uma obstinação que nos cega, sem nos darmos conta de que a maneira como gostaríamos que nossa ideia se realizasse não corresponde, necessariamente, aos planos de Deus.

Jamais haverá uma coincidência perfeita entre a sabedoria de Deus e a nossa, o que significa que, em qualquer etapa do caminho espiritual, nunca estaremos dispensados de praticar o desapego de nossas concepções pessoais, por mais bem-intencionadas que sejam.

7. *Praticar o silêncio e a paz*

O Espírito de Deus é um espírito de paz. Ele fala e age na paz e na doçura, nunca na confusão nem na agitação. Além disso, as moções do Espírito são sempre toques delicados: não se manifestam com alarde e só podem emergir para nossa consciência espiritual se há nela uma zona de calma, de silêncio e de paz. Se nosso interior é sempre barulhento e agitado, a voz doce do Espírito Santo terá muita dificuldade em se fazer ouvir.

Isso significa que, se queremos reconhecer as moções do Espírito Santo e segui-las, é da mais alta importância tentar em todas as circunstâncias manter nosso coração na paz.

NA ESCOLA DO ESPÍRITO SANTO

Não é nada fácil, mas, de tanto praticar a esperança em Deus, a entrega, a humildade, a aceitação da nossa pobreza, graças a uma confiança inabalável na misericórdia divina, nós o conseguiremos cada vez melhor. Não queremos falar disso, aqui, longamente, porque tratamos desse tema em outro livro[9]. Mas é muito importante sublinhá-lo porque, se não procurarmos «praticar a paz» diante de todas as circunstâncias que a colocam em risco (e são várias circunstâncias!), dificilmente seremos capazes de ouvir a voz do Espírito Santo quando Ele quiser falar ao nosso coração; a agitação que deixarmos reinar o impedirá, quase que certamente. Como explicamos na obra citada, quando vivemos momentos difíceis, o esforço que fazemos para ficarmos, ainda assim, em paz é muito benéfico, porque é justamente o fato de conservar essa paz que nos dará o máximo de chances de reagir a essa situação, não de maneira humana, inquieta e precipitada (e deixar a situação ainda mais confusa), mas na atenção ao que o Espírito Santo poderia nos sugerir — o que será, certamente, mais benéfico. Coloquemos, então, em prática, estas palavras de São João da Cruz:

> Procure conservar o coração em paz: que nenhum acontecimento o desassossegue, considere que tudo há de acabar[10].

> Ainda que tudo aqui embaixo desabe e mesmo que todos os eventos nos contrariassem, seria inútil

---

9   *A paz interior*, Quadrante, São Paulo, 2006.

10   *Ditos de luz e de amor,* n. 152

Como favorecer as inspirações?

inquietar-se, porque essa inquietação nos traria mais malefícios do que benefícios[11].

O maior desses malefícios seria o fato de nos tornarmos incapazes de seguir os impulsos do Espírito Santo.

Isso está ligado a uma prática do silêncio — silêncio esse que não é vazio, mas que é a paz, a atenção à presença de Deus e a atenção ao outro, a espera confiante, a esperança em Deus. O excesso de barulho — não no sentido físico, mas no sentido desse turbilhão incessante de pensamentos, de imaginação, de palavras escutadas ou ditas pelas quais, às vezes, nos deixamos levar e que só alimentam nossas preocupações, nossos medos, insatisfações etc. — deixa, evidentemente, pouca chance para o Espírito Santo poder se expressar. O silêncio não é um «vazio», e sim essa atitude geral de interioridade que permite preservar em nosso coração uma «cela interior» (segundo a expressão de Santa Catarina de Sena), onde estamos na presença de Deus e conversamos com Ele. O silêncio é o contrário da dispersão da alma lá fora, da curiosidade, da conversa jogada fora etc. Ele é essa capacidade de voltar naturalmente ao interior de nós mesmos, imantados pela presença de Deus, que nos habita.

---

11 *Precautions spirituelles, avis et maximes de Saint Jean de la Croix reformateur du Carmel*, Paris, 1919, n. 175. Em nossa tradução.

8. Perseverar fielmente na oração

Todas essas atitudes de que acabamos de falar e que facilitam a manifestação das moções do Espírito só poderão ser adquiridas progressivamente e precisam absolutamente da fidelidade da oração. Para se fortalecer na determinação de não recusar nada a Deus, para praticar o desprendimento, a entrega filial e confiante, para aprender a amar o silêncio e a interioridade, para descobrir esse «lugar do coração» a que o Espírito nos atrai delicadamente, a oração é indispensável. Não queremos falar disso aqui, pois o fizemos longamente em outra obra[12], mas é necessário lembrar quão benéfico é saber consagrar tempo regular e fielmente a essa prática da oração pessoal silenciosa que Jesus mesmo nos recomenda: *Quando orares, entra no teu quarto, fecha a porta e ora ao teu Pai em segredo* (Mt 6, 6).

9. Examinar os movimentos de nosso coração

Onde nascem essas inspirações da graça? Não na nossa imaginação ou na nossa cabeça, e sim no fundo do nosso coração. Para reconhecê-las, é então preciso que estejamos atentos ao que se passa nele, aos «movimentos» que podemos distinguir nele, e saber discernir quando esses movimentos vêm da nossa natureza, da ação do demônio, ou da influência do Espírito Santo. A questão desse

---

12 *Tempo para Deus*, Quadrante, 4ª ed., São Paulo, 2016.

Como favorecer as inspirações?

discernimento será tratada mais adiante. Por enquanto, queremos dizer o seguinte: se praticarmos todos os conselhos já dados aqui, teremos uma capacidade de estar atentos ao que se passa em nós no nível mais profundo e mais importante, que não é sempre o nível em que há mais desordem, mas aquele lugar íntimo do coração do qual temos pouca consciência e onde o Espírito Santo faz nascer suas moções.

É aprendendo a notar os diversos movimentos de nossa alma que aprendemos a reconhecer as moções do Espírito Santo. O que não quer dizer que seria necessário cair numa espécie de introspecção psicológica contínua, inquieta e forçada, que poderia nos centrar em nós mesmos ou fazer de nós o joguete de vai e vem de nossas emoções e pensamentos, e então não produzir nada de bom. Trata-se, sim, de viver numa tal disposição habitual de desejo de Deus, de calma interior, de prece, de atenção ao que se passa em nós que, se surgir em nosso coração algum movimento da graça, ele não seja sufocado ou não se perca no «ruído de fundo» de todas as outras solicitações ou emoções, mas possa emergir à nossa consciência e ser reconhecido como uma inspiração divina.

Isso supõe uma espécie de vigilância que nos faz olhar de tempos em tempos para o que nos move, o que nos leva a fazer tal coisa em vez de outra. Essa atenção nos torna capazes de reconhecer em nós mesmos uma diversidade de movimentos. Alguns são movimentos «desordenados», ou seja, impulsos para fazer, dizer algo etc., mas cuja origem não é sadia.

Na verdade, com frequência somos movidos pelo receio, pelo ressentimento, pela cólera, pela agressividade, pela necessidade de sermos notados ou admirados pelos outros, pela sensualidade etc. Essas moções desordenadas podem vir da nossa «natureza corrompida», como se dizia noutros tempos; hoje diríamos que se originam nas nossas «feridas», o que acaba sendo a mesma coisa. Elas também podem vir do demônio; trata-se, então, de tentações. Às vezes, pelo contrário, somos movidos por bons impulsos, como o desejo sincero e desinteressado de ajudar alguém. Esses bons impulsos podem ter uma origem natural (nem tudo é corrompido em nós!) ou sobrenatural, ou seja, de maneira não necessariamente consciente, fruto do trabalho da graça divina em nossos corações. Notemos ainda que certos movimentos aparentemente bons (cujo objeto parece ser bom) podem, na verdade, não o ser e vir do demônio, que é astuto e nos leva às vezes a fazer algo que nos parece bom, mas que, na verdade, seria contrário à vontade de Deus para nós e cujos frutos seriam negativos na nossa vida.

O clima de interioridade do qual tratamos nos ajuda a perceber a diversidade desses movimentos, a sua origem, os seus efeitos: por exemplo, aqueles que deixam em nós alegria e paz, e aqueles que, pelo contrário, suscitam confusão e tristeza...

Esse exame do nosso coração vai nos ajudar especialmente a tomar consciência de certos impulsos que nos vêm de tempos em tempos e que, com um pouco de experiência, tornamo-nos capazes de identificar como convites do Espírito Santo, que nos leva a fazer (ou não fazer!) certas coisas. São essas as inspirações da graça de que falamos e que é tão importante seguir, porque são muito fecundas para nosso progresso espiritual e muito preciosas para nos ajudar no serviço a Deus e ao próximo. Elas podem ser mais abundantes ou menos abundantes, isso depende de Deus.

Mas, quanto menos as perdemos, melhor, porque elas nos abrem à ação do Espírito, pois *o Espírito vem em auxílio à nossa fraqueza* (Rm 8, 26).

10. Praticar a abertura de coração com um diretor espiritual

O discernimento da ação do Espírito Santo em nós será muito facilitado se tivermos a possibilidade de abrir nosso coração a uma pessoa que possa nos aconselhar espiritualmente. Com frequência não somos capazes de ver claramente dentro de nós mesmos as nossas motivações etc. Então a luz nos será dada quando expressamos pela fala o que vivemos, no diálogo com uma pessoa que tem uma certa experiência.

Saibamos que Deus «abençoa» essa abertura do coração. Ela é, na verdade, uma atitude de

NA ESCOLA DO ESPÍRITO SANTO

humildade (reconhecemos que não somos suficientes a nós mesmos), de confiança no outro, e é testemunha de que nosso desejo de ver claramente para cumprir a vontade de Deus é realmente sincero, já que empregamos meios para conseguir esse intento. Essas atitudes agradam muito a Deus, que não deixa de responder a elas com as suas graças. É necessário, então, pedir o máximo possível ao Senhor que nos dê alguém a quem abrir nosso coração e aproveitar as ocasiões que Ele suscita para isso, o que demanda, às vezes, coragem. Saibamos, no entanto, não nos desesperar caso, não por culpa nossa, isso nos acontecer muito raramente. Se desejarmos sinceramente um diretor espiritual, mas não o encontramos, Deus proverá de outra maneira.

Digamos ainda que a confissão frequente, mesmo quando não resulta em uma direção espiritual, é também uma fonte que não deve ser negligenciada de purificação do coração e de luz para compreender o que se passa em nossa alma.

Terceira parte

Como reconhecemos que uma inspiração é de Deus?

Chegamos agora à questão mais delicada. Na multiplicidade, às vezes confusa, de pensamentos, emoções, sensações que nos habitam interiormente, como reconhecer as inspirações que têm Deus por origem? Como identificar o que vem do Espírito Santo e não confundir com o que pode ser fruto de nossa imaginação, autossugestão, tentações do demônio etc.? Evidentemente, a resposta não precisa ser automática. Nosso «eu» e as diferentes influências que ele sofre, de ordem psicológica ou espiritual, formam um universo infinitamente complexo para que possamos reduzir o discernimento das moções do Espírito Santo a algumas regras que só precisariam ser aplicadas mecanicamente. Podemos, no entanto, fazer algumas observações e formular certos critérios que nos dão orientação. Esses critérios não nos permitem chegar a uma infalibilidade, o que não é possível, mas são suficientes para avançar (ainda que, às vezes, tateando) e para tornar possível uma colaboração cada vez mais estreita da nossa liberdade com a graça divina.

1. Aquisição progressiva de um «senso espiritual»

Antes de revisar os critérios que permitem discernir as moções do Espírito, gostaríamos de fazer uma observação importante.

No fim das contas, o que nos permitirá reconhecer o mais fácil e prontamente possível as moções divinas e corresponder a elas é o desenvolvimento, em nós, de uma espécie de «senso espiritual», que é inexistente ou muito grosseiro no começo de nossa vida, mas que pode se refinar muito pela experiência e sobretudo pela fidelidade do andar resoluto pelos caminhos do Senhor[1].

Esse «ouvido espiritual» é como uma capacidade de reconhecer, entre as vozes múltiplas e discordantes que se fazem ouvir dentro de nós mesmos, a voz única e reconhecível de Jesus. Esse senso é como uma conaturalidade amorosa, que nos faz distinguir cada vez mais facilmente a voz do Esposo no concerto de todas as sonoridades que se apresentam ao nosso ouvido.

O Espírito Santo usa, para cada um, um «tom de voz», um timbre próprio. Uma doçura e uma força, uma pureza e uma clareza particulares

---

1 O desenvolvimento desse «senso espiritual» vem da teologia dos «dons do Espírito Santo», como exposta por São Tomás e muitos outros teólogos, cada um à sua maneira. Não gostaríamos de entrar nisso, de falar do assunto em detalhe, porque isso complicaria nossa exposição de ideias, que queremos manter a mais simples possível. Ver, sobre esse assunto, o texto de São Francisco de Sales, anexo 2, p. 81.

que, quando nos habituamos a ouvir, passamos a reconhecer quase que certamente. É certo que o demônio, «macaco de Deus», poderá às vezes tentar imitar essa voz do Esposo. Mas, se nos acostumarmos verdadeiramente a ela por uma familiaridade amorosa e uma busca constante e pura pela vontade divina, reconheceremos facilmente a voz que, mesmo que bem imitada, «soa falsa» de alguma maneira e não é, então, a voz de Jesus.

Que esse senso espiritual nos seja dado progressivamente pelo Espírito Santo é o que promete Jesus no Evangelho de João. Falando dEle mesmo como o Bom Pastor, diz:

> As ovelhas seguem-no, pois lhe conhecem a voz. Mas não seguem o estranho; antes fogem dele, porque não conhecem a voz dos estranhos (Jo 10, 4-5).

2. Os critérios que permitem dizer que uma inspiração vem de Deus

Para se constituir progressivamente, esse «senso espiritual» precisa se basear em critérios de discernimento. Vejamos agora os mais importantes.

Critério externo: Deus não se contradiz

Há um certo número de critérios que poderíamos dizer «externos» a que devem necessariamente

NA ESCOLA DO ESPÍRITO SANTO

corresponder as inspirações para advirem de Deus; esses critérios permitem principalmente eliminar, por ser impossível que venham de Deus, certas pseudoinspirações que nos surgem. Esses critérios derivam simplesmente da coerência de Deus: o Espírito Santo não pode, por meio dessas inspirações, nos pedir algo que seja contraditório com a sua vontade tal qual expressa pelos meios mais usuais: a Palavra de Deus, os ensinamentos da Igreja, as exigências de nossa vocação.

COERÊNCIA COM A SAGRADA ESCRITURA E O ENSINAMENTO DA IGREJA

Uma inspiração divina não pode nos incitar a fazer algo que estaria em contradição com o que nos ensina e nos pede a Palavra de Deus. Não uma Palavra de Deus que se presta à fantasia interpretativa de cada um, mas a Sagrada Escritura tal qual nos foi transmitida e explicada pelo Magistério da Igreja. Por exemplo, uma inspiração não pode me pedir para perpetrar atos que a Igreja considera imorais.

Da mesma forma, as inspirações autênticas irão sempre no sentido de um espírito de obediência à Igreja. Um religioso que desobedecesse a seus superiores ou um bispo ao Santo Padre, mesmo por um objetivo louvável em si, sem dúvida não o faria como fruto de inspiração divina. «Quando do Deus manda inspirações para um coração, a primeira que Ele manda é a da obediência»[2], diz São Francisco de Sales.

COERÊNCIA COM AS EXIGÊNCIAS DA MINHA PRÓPRIA VOCAÇÃO

Da minha vocação particular (como pessoa casada, pai, padre, consagrado etc.) e da minha situação de vida (meus deveres profissionais etc.) deriva todo um conjunto de exigências que são a vontade de Deus para mim. Uma inspiração não pode me pedir algo que estaria em contradição manifesta com o cumprimento dos chamados «deveres de estado». O Espírito Santo pode levar uma mãe de família a deixar um pouco de se preocupar com os afazeres domésticos para dedicar um tempo à oração. Mas, se sugere que passe tanto tempo em contemplação que seus filhos e marido sofram por isso, é necessário colocar a sugestão em dúvida. As inspirações vão no mesmo sentido do dever de estado: não fogem dele, mas sim, pelo contrário, facilitam seu cumprimento.

Esse critério pode ter, às vezes, áreas de aplicação um pouco delicadas; o limite traçado pelos nossos deveres de estado tem margens turvas. A contradição entre o dever de estado e certas inspirações pode ser, por vezes, mais aparente que real. A história da Igreja apresenta casos-limite

---

2 São Francisco de Sales, *Tratado do Amor de Deus*, VIII, 13. Em nossa tradução.

NA ESCOLA DO ESPÍRITO SANTO

nessa seara: São Nicolau de Flüe[3], que abandona sua família, ou Santa Joana de Chantal, que passa por sobre um de seus filhos, deitado na frente da porta para impedi-la de seguir o chamado de fundar a Ordem da Visitação. Mas essas decisões não eram impulsivas; tinham sido amadurecidas por um longo período na oração e na reflexão e submetidas ao discernimento de um diretor espiritual.

Ocorre, às vezes, de nossos deveres familiares ou profissionais se tornarem um pretexto cômodo para não nos dedicarmos ao que o Espírito Santo nos pede. Mas acontece que esse critério de coerência entre as inspirações e as exigências próprias da nossa condição é importante, e levá-lo em consideração pode evitar ilusões espirituais.

CRITÉRIO INTERNO: É PELO FRUTO QUE SE CONHECE A ÁRVORE

O critério de discernimento mais importante é aquele dado pelo próprio Jesus no Evangelho: *É pelo fruto que se conhece a árvore* (Mt 12, 33). Uma inspiração de Deus, se seguida, será fecunda e dará bons frutos: frutos de paz, de alegria, de

---

3 São Nicolau de Flüe (1417-1487), nascido em Sachseln, Suíça, foi pai de dez filhos e trabalhador do campo. Aos cinquenta anos de idade, porém, abandonou a família e a profissão para se dedicar à oração e à penitência. Muitas autoridades vinham pedir o seu conselho, e os suíços atribuem à sua atuação a unidade do seu país. (N. do E.)

caridade, de comunhão, de humildade. Uma inspiração que vem da nossa carne ou do demônio será estéril, chegará até mesmo a dar frutos negativos: tristeza, amargura, orgulho, entre outros. Esse critério é muito importante, mas apresenta um enorme inconveniente: só pode ser aplicado depois! Uma vez que a decisão está tomada, medimos as consequências. Mas, na prática, preferiríamos evidentemente ter critérios que permitam prevenir os erros e então saber se uma inspiração é de Deus ou não antes de levá-la à prática!

Apesar do inconveniente citado, esse critério não é totalmente inútil. Primeiro, porque permite que se faça a experiência. Depois, porque, mesmo antes da execução da decisão, certos frutos podem já se manifestar no interior de nós mesmos (frutos de paz, de alegria etc.).

Formação da experiência

Dissemos, anteriormente, que nossa capacidade concreta de reconhecer as moções do Espírito provém da aquisição de uma espécie de «senso espiritual», que é um dom de Deus, mas se desenvolve e se fortalece também graças à experiência.

Ao constatar o resultado produzido por certas decisões em decorrência do que pensávamos serem inspirações, frequentemente poderíamos nos dar conta se nossa «ideia» vinha de Deus ou se era uma mera produção do nosso psiquismo. Isso nem sempre agradará nosso orgulho; não gostamos

NA ESCOLA DO ESPÍRITO SANTO

muito de reconhecer que nos enganamos. Mas é necessário passar por isso...

Devemos saber que na vida espiritual, mesmo que estejamos cheios de boa vontade e que possamos estar certos de que Deus nos ajuda com uma grande fidelidade, não somos jamais dispensados da experiência de certa aprendizagem, que implica tatearmos, chegarmos a sucessos e a fracassos. Deus quis que as coisas fossem assim, é uma lei humana da qual ninguém se exime, mesmo a pessoa mais espiritual. Se acolhermos com humildade as lições da experiência e formos adiante sem nunca nos desencorajarmos, na confiança de que tudo é graça, então se formará em nós uma maior certeza de juízo — que nunca será uma infalibilidade, que não existe neste baixo mundo[4].

Assim, a experiência de resultados objetivos, de confirmações ou invalidações dadas pelos fatos e também o estado interior após algumas de nossas decisões (se nos deixam tranquilos, humildes e alegres, ou se nos deixam tristes, atormentados, tensos) nos permitem aprender a reconhecer melhor o que vem de Deus e o que vem do demônio ou de nós mesmos, dos nossos traços de personalidade, das nossas tendências etc.

---

4 Com exceção, é claro, do carisma reconhecido no Concílio Vaticano I (1869-
-1870) a respeito da infalibilidade do Santo Padre quando define *ex cathedra*
a fé ou a moral da Igreja.

Como reconhecemos que uma inspiração é de Deus?

DISCERNIMENTO DOS ESPÍRITOS

A experiência da Igreja e dos santos[5] manifesta uma lei geral: o que vem do Espírito de Deus traz consigo alegria, paz, tranquilidade de espírito, doçura, simplicidade, luz. Ao contrário, o que vem do espírito do mal traz tristeza, tormenta, agitação, inquietação, confusão, sombras. Essas marcas do bom e do mau espírito são certas em si mesmas. A paz, a alegria etc. são frutos certos do Espírito Santo; o demônio é incapaz de produzi--los de maneira durável.

Em oposição, a perturbação e a tristeza são marcas certas do mau espírito; o Espírito Santo em si mesmo não pode ser sua causa[6]. Entre todas essas marcas do bom e do mau espírito, a mais característica é a paz. O Espírito de Deus produz infalivelmente a paz na alma; o demônio produz infalivelmente a agitação.

No entanto, as coisas são mais complexas na prática. Uma inspiração pode vir de Deus, mas suscitar em nós uma grande perturbação. Essa perturbação, porém, não tem sua causa na inspiração, que em si mesma (como tudo o que vem do Espírito de Deus) é doce e pacífica. A perturbação vem da nossa resistência a essa inspiração. Uma vez que acolhemos essa inspiração e paramos de

---

5   Ver, por exemplo, capítulo sobre o discernimento dos espíritos nos *Exercícios espirituais* de Santo Inácio de Loyola.

6   Existe, certamente, uma «tristeza que conduz ao arrependimento» e que vem do Espírito Santo. Mas ela logo se transforma em alegria... Além do mais, ela vem daquilo que em nós é mau e precisa ser convertido, e o Espírito o evidencia.

resistir a ela, nosso coração se vê, então, estabelecido em uma profunda paz.

Essa situação é muito frequente. Certas inspirações da graça, quando nos atingem, encontram em nós resistências muito ou pouco conscientes e profundas, despertam medos humanos, encontram amarras em hábitos etc. A perspectiva de colocar em prática o que é sugerido pelo Espírito Santo inquieta: como fazê-lo? O que os outros vão pensar de mim? Eu terei a força para fazê-lo?, e assim por diante.

Para fazer essa descrição, podemos pensar na imagem de um grande rio, de fluxo tranquilo, mas que, quando encontra obstáculos, produz redemoinhos e turbilhões.

Se uma inspiração vem verdadeiramente de Deus, que calemos nossos medos e consintamos com ela de todo o nosso coração, e então a paz acaba invariavelmente por nos invadir: porque o Espírito Santo não pode deixar de produzir paz em quem se deixa conduzir por Ele. Essa paz pode, às vezes, só residir na «ponta fina da alma», enquanto, no plano humano e psicológico, questões e inquietações subsistem — mas a paz está lá e é reconhecível.

Por outro lado, se uma inspiração vem do demônio ou do que há de mau em nós (nossas ambições, nosso egoísmo, nossa necessidade exagerada de sermos reconhecidos etc.) e consentimos, ela jamais deixará nosso coração numa paz total e profunda. Será apenas uma paz aparente, e não

Como reconhecemos que uma inspiração é de Deus?

é preciso muito para que se vá e abra espaço à perturbação. Podemos negar essa perturbação a nós mesmos, podemos recusá-la no fundo de nossa consciência, mas ela está lá, pronta para ressurgir quando vier a hora da verdade. Notemos, então, esse ponto importante: *uma inspiração divina pode num primeiro tempo nos perturbar, mas, à medida que não a recusamos e sim nos abrimos a ela e a aceitamos, ela nos deixa pouco a pouco em paz.* É uma lei fundamental, que vale nas situações «normais» da vida espiritual e para alguém que está sinceramente disposto a fazer a vontade de Deus em todas as coisas. A vida espiritual e a interação entre o espiritual e o psicológico são, no entanto, realidades complexas; pode haver, então, eventuais situações de provação, de temperamentos psicológicos difíceis, que dificultam a aplicação prática desse critério. Mas ele segue sendo fundamental e o encontramos em toda a tradição da Igreja.

SINAIS COMPLEMENTARES: CONSTÂNCIA E HUMILDADE

Uma das características do Espírito de Deus é a constância. Pelo contrário, o que provém da nossa carne ou do mau espírito é instável e cambiante. Nada há de mais inconstante que nossos humores ou nossos desejos, isso nós sabemos. O mesmo acontece com o demônio: ele nos empurra numa direção, depois em outra, nos coloca

NA ESCOLA DO ESPÍRITO SANTO

na cabeça de deixarmos um projeto para empreender um novo, de maneira que no fim das contas não façamos nem uma coisa nem outra. Uma das estratégias frequentes que coloca em prática para nos impedir de concretizar um bom projeto é nos ludibriar com um que pareça melhor, de maneira a nos desviar do primeiro. As inspirações divinas, pelo contrário, são estáveis e constantes. É por isso que é bom, como regra geral, não seguirmos rápido demais uma inspiração (sobretudo se ela é importante), de maneira a verificarmos que ela não esmoreça completamente ao cabo de algum tempo, pois, se o fizesse, seria sinal de que ela não vem de Deus.

Uma outra característica do Espírito de Deus é que, ao mesmo tempo esclarecendo e levando a agir, Ele imprime na alma uma profunda humildade. Ele nos faz operar o bem de tal maneira que nos alegra realizá-lo, mas sem presunção, sem nos vangloriarmos, sem autossatisfação. Percebemos, com evidências, que o bem que fazemos não vem de nós mesmos e sim de Deus.

Quando somos movidos pelo Espírito Santo, pode chegar a haver (porque somos humanos...) algum pequeno pensamento de vanglória que nos venha «parasitar» e contra o qual temos que nos defender, mas no fundo vemos muito claramente que somos só fraqueza, que todo o bem que podemos realizar vem de Deus e que não devemos nos vangloriar de nada. A humildade verdadeira é ausente naquele que age sob impulso da carne

Como reconhecemos que uma inspiração é de Deus?

ou do demônio. E não esqueçamos que, na prática, um dos testes mais certeiros da humildade é o senso de obediência.

Como conclusão, podemos dizer que as inspirações divinas se reconhecem pelo seguinte: elas nos trazem a paz, não são cambiantes, e imprimem em nós sentimentos de humildade.

Vamos agora fazer algumas observações complementares sobre essa questão do discernimento da vontade de Deus. A vontade de Deus é sempre o que mais nos custa? A vontade de Deus e, portanto, as inspirações da sua graça vão com frequência no sentido contrário ao das nossas tendências imediatas, à medida que estas são frequentemente desejos de conforto egoísta, de facilidade, de preguiça etc. São João da Cruz nos diz numa passagem célebre:

> Procure sempre inclinar-se não ao mais fácil, senão ao mais difícil. Não ao mais saboroso, senão ao mais insípido. Não ao mais agradável, senão ao mais desagradável[7].

Ele não está errado em dizer isso, no contexto em que diz. Mas seria preciso não fazer uma interpretação errônea de tais máximas, e não tomar como lei sistemática para discernir a vontade de Deus um princípio segundo o qual, numa situação determinada, o que Ele nos pedirá será sempre o mais difícil. Isso nos faria cair num voluntarismo

---

7   São João da Cruz, *Subida do Monte Carmelo*, I, 13.

ascético exagerado que não teria nada a ver com a liberdade do Espírito Santo. Podemos até mesmo dizer que essa ideia de que Deus exige sempre aquilo que é mais custoso para nós, é tipicamente o pensamento que o demônio insinua para nos desanimar e distanciar de Deus.

Deus é um Pai. Com certeza um Pai exigente, porque nos ama e nos pede que demos tudo, mas não é um carrasco. Com frequência, nos deixa livres. Quando exige algo de nós, é para nos fazer crescer no amor. O único mandamento é o de amar. Podemos sofrer por amor, mas podemos também nos regozijar e repousar por amor...

É uma armadilha da nossa imaginação ou do demônio apresentar a vida sob a ação de Deus como algo sufocante, em contradição completa e permanente com todas as nossas aspirações, mesmo as mais legítimas.

O objetivo de Deus não é complicar nossa vida, e sim simplificá-la. A docilidade para com Deus libera e dilata o coração. É por isso que Jesus, que nos convida a renunciar a nós mesmos para pegarmos nossa cruz depois dEle, nos diz também: *Porque meu jugo é suave e meu peso é leve* (Mt 11, 30). Mesmo se fazer a vontade de Deus às vezes nos custe muito, sobretudo no começo, cumpri-la com amor acaba por nos encher de contentamento, e podemos dizer que há um verdadeiro prazer em fazer o bem que Deus nos inspira. Quanto mais caminhamos na docilidade ao Espírito Santo, menos nossa adesão à vontade divina é dolorosa

Como reconhecemos que uma inspiração é de Deus?

e forçada, mais ela se torna livre e espontânea. *Conduzi-me pelas sendas de vossas leis, porque nelas estão minhas delícias,* diz o Salmo (118, 35). A vida é feita de provas, é certo, mas, se estamos constantemente tristes e descontentes numa certa via, é preciso se perguntar seriamente se estamos na via certa, se não estamos nos impondo fardos que Deus não nos pede. Um critério de discernimento de uma vocação é que estejamos felizes nela. Imaginar, como o fazem certos escrupulosos ou certos falsos ascetas, que o que Deus nos pede em todas as circunstâncias é necessariamente o mais difícil pode falsear muito nosso juízo, e o demônio pode se servir disso para nos enganar — é bom ter isso presente.

Gostaria de contar um pequeno fato. Como com todo mundo, me acontece às vezes o seguinte: quando vou me deitar à noite, depois de um dia bem cansativo, contente de encontrar finalmente a boa cama que me espera, percebo uma sensaçãozinha interior que me diz: «Não gostaria de passar um momento na capela para me fazer companhia?». Depois de alguns instantes de dúvida e resistência, do tipo: «Jesus, está exagerando, estou cansado e se não tiver minha cota de sono ficarei de mau humor amanhã», acabo por consentir e passar um momento com Jesus. Depois disso, vou dormir em paz e contente, e no dia seguinte não acordo mais cansado que normalmente. Obrigado, Senhor; era sua vontade e os frutos aqui estão.

Mas às vezes me acontece o contrário. Tenho um grande problema que me preocupa e digo para mim mesmo: esta noite vou rezar uma hora na capela para que isso se resolva. Enquanto me dirijo para a capela, uma vozinha no fundo de meu coração diz: «Sabe, você me agradaria mais se fosse dormir agora e confiasse em mim; eu me encarrego do seu problema». E, me lembrando da feliz condição de «servo inútil», vou me deitar em paz, deixando todas as coisas nas mãos do Senhor...

Tudo isso para dizer que a vontade de Deus está onde há o máximo de amor, mas não necessariamente onde há o máximo de sofrimento. Existe mais amor em repousar por confiança do que em sofrer por ansiedade!

Diferença de conduta a seguir segundo a importância das inspirações

Para saber como agir diante do que pensamos ser inspirações divinas, é também preciso ter em conta um aspecto que não abordamos até aqui: o objeto dessas inspirações e sua maior ou menor importância.

O Senhor pode me inspirar a distribuir todos os meus bens aos pobres e partir para o deserto, imitando assim Santo Antão, como pode me inspirar a coisas menores, como no exemplo que acabamos de dar.

Certamente, e isso já dissemos, é muito importante nos esforçarmos para não negligenciar

Como reconhecemos que uma inspiração é de Deus?

nenhuma inspiração. Alguma coisa que nos pareça insignificante pode ter uma importância maior do que pensamos. Lembro-me de que um dia, pregando um retiro, lutei muito antes de obedecer a uma moção que me levava a convidar os participantes, durante a recitação do Rosário, a venerar uma cruz que tinha sido colocada e enfeitada com flores pelas crianças (eu me dizia: «Vai levar muito tempo, não é o momento...»). Ao longo dessa veneração, uma pessoa se curou de um grave problema na coluna vertebral.

Além disso, como dissemos, uma obediência mínima a Deus pode às vezes nos fazer realizar um progresso espiritual bem maior do que anos de esforços a que nós nos programamos. A fidelidade às pequenas graças atrai as grandes.

Isso posto, é evidente que é necessário tratar as inspirações de maneira diferente segundo sua importância. Como diz São Francisco de Sales[8], não contamos da mesma maneira os pequenos trocados e os lingotes de ouro. Devemos pesar estes últimos com precisão, ao passo que não seria sábio dedicar tempo e cuidado desproporcionados para avaliar os primeiros.

Notemos, de passagem, que muitas das moções do Espírito não requerem, num certo sentido, nenhuma liberação: com frequência trata-se de um movimento interior que nos facilita o cumprimento de algo que, de toda maneira, nós deveríamos

---

8 Ver o texto do anexo 2, p. 81.

NA ESCOLA DO ESPÍRITO SANTO

fazer. Tenho rancor de alguém e me sinto levado a perdoar. É a hora da Missa e me sinto tentado a continuar debruçado sobre um trabalho urgente, o que me faria chegar atrasado, e sinto uma moção que me faz deixar tudo para trás para ir à capela. Só devemos seguir esse movimento, já que, por toda evidência, é um bom movimento... Da mesma maneira, se o demônio nos tenta, com frequência o Espírito Santo, no sentido contrário, nos puxa, nos estimula, nos acorda interiormente para facilitar o cumprimento do que Deus deseja de nós. E, sem dúvida, Ele o faria ainda muito mais se estivéssemos mais atentos e mais obedientes às suas moções. Escutemos São Francisco de Sales:

> Sem a inspiração, a nossa alma viveria preguiçosa, enfezada e inútil. Iluminados, porém, com os divinos raios da inspiração, uma luz nos abrasa com ardor vivificante que nos ilumina a inteligência, desperta e anima a vontade incutindo-lhe força para querer e fazer o bem relativo à salvação eterna[9].

Às vezes, uma moção nos pede algo incomum, diferente daquilo que costumamos fazer habitualmente, sem ter, no entanto, uma importância enorme. Demos alguns exemplos disso. O Senhor me leva a um ato de caridade, a um favor, a um momento de oração, a um pequeno sacrifício, a um gesto de humildade, etc. Nesse caso, é preciso fazer

---

9   São Francisco de Sales, *Tratado do Amor de Deus*, VIII, 10.

Como reconhecemos que uma inspiração é de Deus?

uma avaliação rápida da coisa. Se ela nos parece razoável, compatível com nossas obrigações, se (segundo a experiência que temos da pedagogia que Deus aplica a nós) nos parece bom reconhecer aí a voz de Jesus e se, enfim, quanto mais nós consentimos nisso, mais nos sentimos em paz, então só nos resta colocá-la em prática. Se nos enganamos e nos demos conta, posteriormente, de que era antes um movimento de vanglória, de presunção ou uma ideia que formamos em nós mesmos, não será uma catástrofe; isso servirá para nossa educação espiritual. E o Bom Deus não nos odiará por isso.

Se, por outro lado, somos chamados a ações muito mais importantes — uma vocação, uma troca de orientação de vida, escolhas que podem ter repercussões graves nos outros, ou que nos conduziriam a fazer coisas que vão nitidamente além da regra de vida habitual para a vocação que nos é própria —, então é indispensável que não decidamos nada antes de ter submetido essa inspiração a um diretor espiritual ou a um superior. Essa obediência agrada a Deus, mesmo se às vezes ela pode parecer retardar o cumprimento de coisas que Ele mesmo nos pede. Deus prefere essa prudência e essa obediência à precipitação.

Sem essa obediência, pelo contrário, é muito provável que sejamos rapidamente transformados em joguetes do demônio que, vendo nossa prontidão em seguir as inspirações sem submetê-las, quando necessário, a alguém, logo nos enganará

NA ESCOLA DO ESPÍRITO SANTO

e nos conduzirá pouco a pouco a fazer coisas que não terão mais nada a ver com a vontade de Deus.

Em caso de dúvida sobre uma conduta a seguir, é, em todo caso, melhor, a maior parte do tempo, abrirmo-nos a uma ou mais pessoas de confiança e aderirmos à sua opinião (se não temos nenhuma razão decisiva para fazermos algo em contrário), em vez de multiplicar as reflexões e avaliações pessoais que arriscam nos fazer andar em círculos e aumentar a confusão mais do que qualquer outra coisa.

E QUANDO NÃO SOMOS FIÉIS À GRAÇA?

Insistimos sobre a importância de não negligenciarmos nenhuma das inspirações divinas. Isso poderia colocar-nos em uma atitude de medo — principalmente, medo de que nossa infidelidade a essas inspirações possa ter consequências irremediáveis em nossa vida com o Senhor.

Nossa insistência é no sentido de sensibilizar para a importância desse meio de colaboração com que Deus opera na nossa vida e de nos tornar atentos a ele, mas não tem por objetivo suscitar um medo que inquieta e desanima. Devemos fazer de tudo para evitar a infidelidade, mas ao mesmo tempo crer que ela, quando nos surpreende, não é irremediável.

O Senhor está sempre pronto para nos levantar quando caímos; inclusive, encontra sempre

Como reconhecemos que uma inspiração é de Deus?

um meio de transformar nossas quedas em bens, se depois delas nos voltamos para Ele com um coração humilde e confiante. Cada vez que nos dermos conta de ter, por superficialidade, falta de atenção ou covardia, sufocado ou negligenciado alguma inspiração, não desanimemos por isso. Peçamos sinceramente perdão ao Senhor, aproveitemos a oportunidade para nos humilhar e reconhecer a nossa pouca virtude, e também para pedir ao Senhor que nos «castigue» nos dando ainda mais fidelidade que nos faça ir atrás das graças perdidas!

Para Deus nada é impossível... Se lhe pedimos com a confiança audaciosa das crianças, Ele nos dará.

Conclusão

Enumeramos aqui algumas das condições que permitem que, na nossa vida, as inspirações divinas possam se manifestar e até mesmo se multiplicar, de modo que possamos ser mais e mais guiados e movidos pelo Espírito Santo. Tudo isso ficaria incompleto se esquecêssemos de uma outra condição, e dizer algumas palavras sobre ela será nossa conclusão.

Trata-se de um amor filial pela Virgem Maria. Entre todas as criaturas, Maria é a que mais viveu à sombra do Espírito, pois, como disse o arcanjo Gabriel em Lucas: *O Espírito Santo descerá sobre ti, e a força do Altíssimo te envolverá com a sua sombra* (1, 35). A vida inteira de Maria foi um perfeito consentimento a todas as operações do Espírito nela, o que a levou a um amor cada vez mais ardente e elevado. Leremos em anexo o belo texto de São Francisco de Sales que faz com que entendamos como o amor crescia sem cessar em Maria, porque o Espírito Santo não encontrava nela qualquer resistência.

Maria é nossa mãe na ordem da graça. Assim, ela nos comunica a plenitude da graça que lhe pertence. E creio que entre os dons que Maria concede àqueles que se reconhecem como seus filhos, e que «acolhem-na», a exemplo do discípulo

NA ESCOLA DO ESPÍRITO SANTO

bem-amado (cf. Jo 19, 27), o dom mais precioso que ela faz é o comunicado de sua disponibilidade total à graça, de sua capacidade de se deixar tocar sem resistência pelo Espírito Santo. Maria nos participa sua humildade, sua confiança em Deus, sua doação total à vontade divina, seu silêncio, sua escuta interior do Espírito...

Isso quer dizer que um dos meios mais certos pelos quais nos tornaremos pouco a pouco capazes de colocar em prática as indicações deste pequeno livro é confiar toda a nossa vida espiritual à Virgem. Ela nos ensinará o que praticou tão bem: reconhecer com certeza, acolher com uma confiança plena, colocar em prática uma total fidelidade a todas as solicitações da graça pelas quais Deus operará em nossas vidas maravilhas de amor, como na de sua humilde serva.

Oração do Cardeal Mercier

«Vou revelar-te um segredo de santidade e felicidade. Se todos os dias, durante cinco minutos, deixares a imaginação tranquila, fechares os olhos a todas as coisas dos sentidos, fechares os ouvidos a todos os barulhos da terra de maneira a seres capaz de recolher-te ao santuário da própria alma batizada que é o templo do Espírito Santo, falando ao Espírito Santo e dizendo:

Espírito Santo, alma de minha alma,
Adoro-vos, esclarecei-me, guiai-me,

Conclusão

Fortificai-me e consolai-me.
Dizei-me tudo o que devo fazer
E me mandai fazê-lo.
Prometo submeter-me
a tudo o que me pedirdes
e aceitar tudo o que permitirdes
que me aconteça.
Mostrai-me somente qual é a vossa vontade!

Se fizeres isso, tua vida passará feliz e serena; a consolação abundará mesmo em meio a tribulações, porque a graça será dada na mesma proporção das provações, assim como a força para suportá-las, conduzindo-te às portas do Paraíso, cheio de mérito. Essa submissão ao Espírito Santo é o segredo da santidade.»

Anexo 1
Textos de Louis Lallemant (1587-1635)

O padre Lallemant é uma das grandes figuras da Companhia de Jesus na França do século XVII. Encarregado do «terceiro ano» (último ano de formação dos jesuítas), teve, como alunos, santos como Isaac Jogues e Jean Brébeuf, mártires no Canadá. Ele colocava no coração de sua doutrina espiritual a docilidade ao Espírito Santo, acompanhada da purificação do coração, ou prática do desprendimento, que permite esta docilidade. Notas das suas conferências foram reagrupadas em um livro[1], do qual citamos os seguintes trechos:

1. *Natureza da docilidade ao Espírito Santo*

Quando uma alma se abandona à direção do Espírito Santo, Ele a eleva pouco a pouco e a governa. No começo, ela não sabe aonde vai, mas pouco a pouco a luz interior a ilumina e a faz ver todas as ações e o governo de Deus em suas ações, de modo que ela praticamente não tem outra coisa a fazer que não deixar que Deus faça nela e para ela o que lhe aprouver; assim ela avança maravilhosamente.

---

1 Louis Lallemant, *Doctrine spirituelle*, collection Christus, Desclée de Brouwer. Em nossa tradução.

Temos uma figura da direção do Espírito Santo no que Deus mostra aos israelitas na saída do Egito, durante sua viagem no deserto, para chegar à Terra Prometida. Ele lhes dá para conduzi-los, de dia, uma coluna de nuvem; à noite, uma coluna de fogo. Eles seguiam o movimento dessa coluna e paravam quando ela parava; eles não a ultrapassavam, só a seguiam e jamais se distanciavam dela. É assim que devemos nos comportar com relação ao Espírito Santo.

2. *Os meios de chegar a essa docilidade*

Os principais meios de chegar a essa direção do Espírito Santo são os seguintes:

1. Obedecer fielmente às vontades de Deus que nós já conhecemos. Existem muitas que não conhecemos, porque somos cheios de ignorância; mas Deus só nos pedirá contas dos conhecimentos que nos der. Façamos bom uso deles, e Ele nos dará novos. Cumpramos o que já nos fez conhecer de suas intenções, e Ele manifestará para nós as outras.

2. Renovar sempre o bom propósito de seguir em todas as coisas a vontade de Deus e firmar-nos tanto quanto possível nessa resolução.

3. Pedir sem cessar a luz e a força do Espírito Santo para cumprir as vontades de Deus; atarmo-nos ao Espírito Santo e mantermo-nos ligados

Textos de Louis Lallemant (1587-1635)

a Ele, como São Paulo, que dizia aos presbíteros de Éfeso: *Agora, acorrentado pelo Espírito, vou a Jerusalém* (At 20, 22). Sobretudo em mudanças mais importantes, pedir a Deus a luz do Espírito Santo e dizer sinceramente que só desejamos fazer sua vontade e nada mais. Depois disso, se não nos der novas luzes, faremos, como outrora, o que nos acostumamos a fazer e que nos parecerá, então, o melhor...

4. Notar exatamente os diversos movimentos de nossa alma. Por essa diligência, chegaremos pouco a pouco a reconhecer o que é e o que não é de Deus. O que vem de Deus, em uma alma submissa à graça, é de hábito pacífico e tranquilo. O que vem do demônio é violento e traz consigo tormento e ansiedade.

3. Resposta a algumas objeções a essa prática

[...] A segunda [objeção] é que parece que essa docilidade interior ao Espírito Santo destrói a obediência que é devida aos superiores. Respondemos primeiramente que, uma vez que a inspiração interior da graça não acaba com a obrigação que damos à proposição externa dos artigos da fé, ela, ao invés disso, inclina sutilmente o entendimento a crer; da mesma maneira, a inspiração dos dons do Espírito Santo, longe de desviar da obediência, ajuda-a e facilita sua execução. Em segundo lugar, que todas essas moções interiores, e mesmo as revelações divinas, devem sempre se subordinar à obediência e devem estar de acordo com a condição tácita que a obediência ordena. [...] A terceira é que a direção interior do Espírito Santo parece tornar inúteis as deliberações e as consultas. Por que perguntar a opinião dos homens quando somos dirigidos pelo Espírito Santo? Respondemos que o Espírito Santo nos leva a consultar as pessoas esclarecidas e a seguir o sentimento dos outros. Foi assim que Ele enviou São Paulo a Ananias para descobrir o que deveria fazer. [...] A quarta objeção é a de alguns que reclamam por não ter a direção do Espírito Santo e não poder conhecê-la.

Respondemos a esses, primeiramente, que as luzes e inspirações do Espírito Santo, que são necessárias para fazer o bem e evitar o mal, jamais lhes faltam, principalmente se estão em estado de graça. Em segundo lugar, que, estando do lado de fora, como estão, e não entrando quase nunca neles mesmos, fazendo exames de si mesmos só superficialmente, olhando só para o exterior e para as faltas que aparecem aos olhos do mundo, sem buscar as raízes interiores, as paixões, os hábitos dominantes, sem examinar o estado e a disposição da alma e os movimentos do coração, não é de se admirar que não conheçam a direção do Espírito Santo, que é toda interior. Como poderiam conhecê-la? Não conhecem nem mesmo seus pecados interiores, que são seus próprios atos

Textos de Louis Lallemant (1587-1635)

e que produzem livremente. Mas eles a conhecerão inevitavelmente se quiserem se conduzir, como é preciso, para tanto.

Primeiramente, que sejam fiéis em seguir a luz que lhes é dada: ela crescerá sempre.

Em segundo lugar, que afastem os pecados e as imperfeições que, como nuvens, lhes roubam essa luz: eles verão mais claramente a cada dia.

Em terceiro lugar, que não sofram por seus sentidos exteriores se perderem e se sujarem com sensualidade: Deus lhes abrirá os sentidos interiores.

Em quarto lugar, que nunca saiam, se possível, de seu interior ou que para ali retornem tão cedo quanto possível e que fiquem atentos ao que se passa ali: eles notarão no seu interior movimentos dos diferentes espíritos que nos fazem agir.

Em quinto lugar, que mostrem sinceramente todo o fundo de seu coração a seu superior ou diretor espiritual: uma alma que tem essa candura e essa simplicidade é sempre favorecida pela direção do Espírito Santo.

4. Os motivos que nos levam a essa docilidade: a perfeição e até mesmo a salvação dependem da docilidade e da graça

1. Os dois elementos da vida espiritual são a purificação do coração e a direção do Espírito Santo. Estão aí os dois polos de toda espiritualidade. Por essas duas vias, chegamos à perfeição segundo o grau de pureza que adquirimos e na

proporção da fidelidade que empregamos ao cooperar com os movimentos do Espírito Santo e ao seguir sua direção.

Toda a nossa perfeição depende dessa fidelidade, e podemos dizer, em resumo, que a vida espiritual consiste em perceber as vias e os movimentos do Espírito de Deus em nossa alma e em fortificar nossa vontade na resolução de segui-los, empregando para tanto todos os exercícios de oração, a leitura, os sacramentos, a prática das virtudes e das boas obras.

2. Alguns têm muitas belas práticas e fazem muitos atos externos de virtude; eles estão completamente na ação material da virtude. Isso é bom para os iniciantes, mas é de uma perfeição muito maior seguir o impulso interior do Espírito Santo e se conduzir segundo o seu movimento. É verdade que nesta última maneira de agir há menos satisfação sensível, mas há mais satisfação interior e mais virtude.

3. O objetivo ao qual devemos aspirar, depois de termos nos exercitado por muito tempo na pureza de coração, é o de sermos possuídos e governados pelo Espírito Santo, que seja só Ele a conduzir todos as nossas potências e todos os nossos sentidos e que regule todos os nossos movimentos interiores e exteriores e que nos abandonemos por completo, por meio de uma renúncia espiritual das nossas vontades e das nossas próprias satisfações. Assim,

Textos de Louis Lallemant (1587-1635)

não viveremos mais em nós mesmos, mas em Jesus Cristo, por uma fiel correspondência às operações de seu divino espírito e por um assujeitamento de todas as nossas rebeliões ao poder da sua graça.
[...]

6. Nosso maior mal é a oposição que fazemos aos desígnios de Deus e a resistência que colocamos a suas inspirações; porque ou não as queremos escutar ou, tendo-as escutado, as rejeitamos, ou, tendo-as recebido, as enfraquecemos e poluímos com mil imperfeições de apego, de condescendência para conosco e de satisfação própria.

No entanto, o principal ponto da vida espiritual consiste muito em se dispor à graça pela pureza de coração, porque, de duas pessoas que se consagram ao mesmo tempo ao serviço de Deus, se uma se dá às boas obras e a outra se aplica inteiramente em purificar seu coração e em se afastar do que nela se opõe à graça, esta última chegará à perfeição duas vezes mais rápido que a primeira.

Assim, nosso maior cuidado deve ser não tanto ler livros espirituais e sim dar muita atenção às inspirações divinas, que precisam de pouca leitura, e sermos extremamente fiéis em corresponder às graças que nos são ofertadas.

7. Acontece, às vezes, que, tendo recebido de Deus uma grande inspiração, nós nos vejamos logo atacados por repugnâncias, dúvidas, perplexidades e dificuldades que vêm de nosso fundo corrompido

NA ESCOLA DO ESPÍRITO SANTO

e de nossas paixões contrárias à inspiração divina. Se a recebêssemos com uma plena submissão de coração, ela nos preencheria da paz e consolação que o Espírito de Deus traz consigo e que comunica às almas em que não encontra resistência.

5. A excelência da graça e a injustiça da oposição que fazemos a ela

1. Nós deveríamos receber cada inspiração como uma palavra de Deus, que vem da sua sabedoria, da sua misericórdia e da sua bondade infinitas, e que pode operar em nós efeitos maravilhosos se não colocarmos obstáculos a ela. Consideremos o que uma palavra de Deus foi capaz de fazer: ela criou o céu e a terra e tirou todas as criaturas do nada com a participação do ser de Deus no estado da natureza, porque não encontrou resistência no nada. Ela operaria em nós algo maior se não resistíssemos a ela. Tirar-nos-ia do nada moral para a participação sobrenatural da santidade de Deus no estado de graça, e para a participação da felicidade de Deus no estado da glória. E, por pequeno ponto de honra, por um emprego que satisfaz nossa vaidade, por um pequeno prazer de um momento, por uma bagatela, impediríamos esses grandes efeitos da palavra de Deus, de suas inspirações e das impressões de seu Espírito: depois disso, não diríeis que a Sabedoria teve razão em dizer que o número de loucos é infinito?

Textos de Louis Lallemant (1587-1635)

Se pudéssemos ver de que maneira as inspirações de Deus são recebidas por nossas almas, veríamos que ficam, por assim dizer, na superfície, sem entrar mais além, e a oposição que encontram impedem-nas de gravar-se em nós: isso vem do fato de não nos doarmos suficientemente ao espírito e de não servirmos a Deus com uma perfeita plenitude de coração. Assim, a fim de que as graças tenham seu efeito no coração dos pecadores, é necessário que entrem com barulho e violência porque encontram ali grandes resistências; mas penetram suavemente nas almas que são possuídas por Deus, enchendo-as dessa admirável paz que acompanha sempre o Espírito de Deus. Por sua vez, as sugestões do inimigo não imprimem nada nas boas almas, porque encontram nelas a predominância de princípios opostos a si.

Anexo 2

Textos de São Francisco de Sales (1567-1622)

Estes textos estão no *Tratado do Amor de Deus*.

1. *Critérios de discernimento dos espíritos*[1]

Uma das melhores marcas da bondade de todas as inspirações, e particularmente das extraordinárias, é a paz e a tranquilidade do coração que as recebe; porque o espírito divino é, isso é verdade, violento, mas de uma violência doce, suave e tranquila. Ele vem como um vento impetuoso e como uma faísca celeste, mas não derruba os Apóstolos, não os atormenta: o susto que recebem pelo seu barulho é momentâneo e é rapidamente seguido de uma doce segurança...

Ao contrário, o espírito maligno é irrequieto, áspero, turbulento, e aqueles que seguem suas sugestões infernais, acreditando que sejam inspirações celestes, são geralmente reconhecíveis porque são inquietos, teimosos, orgulhosos, criadores de caso e remoedores de ideias que, sob pretexto de zelo, viram tudo de cabeça para baixo, censuram

---

1 Livro VIII, capítulo 12.

NA ESCOLA DO ESPÍRITO SANTO

todo mundo, sem exceção, criticam todas as coisas: gente sem conduta, sem condescendência, que não suporta nada, exercendo paixões do amor próprio sob máscara de zelo da honra de Deus.

2. Obediência: sinal da verdade das inspirações[2]

Tudo é garantido na obediência, e tudo é suspeito fora da obediência. Quando Deus manda inspirações a um coração, a primeira a ser mandada é a da obediência... Qualquer pessoa que diga que é inspirado e recusa-se a obedecer aos superiores e seguir suas opiniões é um impostor. Todos os profetas e pregadores que foram inspirados por Deus sempre amaram a Igreja, sempre adoraram sua doutrina e sempre foram também aprovados por ela. São Francisco, São Domingos e os outros pais de ordens religiosas puseram-se a serviço das almas por uma inspiração extraordinária, mas se submeteram ainda mais humilde e cordialmente à sagrada hierarquia da Igreja.

Em suma, as três melhores e mais certas marcas das legítimas inspirações são a perseverança, contra a inconstância e a volubilidade, a paz e a doçura do coração, contra as inquietações e as afobações, e a humildade e a obediência, contra a obstinação e os caprichos.

---

2   Livro VIII, capítulo 13.

3. Breve método para conhecer a vontade de Deus[3]

São Basílio diz que a vontade de Deus nos é manifestada pelas suas ordens ou mandamentos, que quanto a isso não há nada a deliberar, porque precisamos simplesmente fazer o que nos é ordenado, mas que, para o resto, temos a liberdade de escolher segundo nossa vontade o que melhor nos pareça — cuidando para não fazermos tudo o que é permitido, mas só o que é conveniente — e que, enfim, para discernirmos bem o que convém ou não, é preciso ouvir a opinião prudente do diretor espiritual.

Mas, Teótimo[4], vou avisá-lo de uma tentação desagradável a que as almas que têm um grande desejo de seguir todas as coisas conformes com a vontade de Deus estão, às vezes, expostas; porque o inimigo sempre que pode põe em dúvida se é a vontade de Deus que façam isso em vez daquilo, como, por exemplo, se é da vontade de Deus que comam com seu amigo ou que não comam, que escolham roupas cinzas ou pretas, que façam jejum sábado ou domingo, que tenham entretenimento ou se abstenham de tê-lo e, nisso, perde-se muito tempo. E, enquanto se entretêm e se embaraçam querendo discernir o que é melhor, perdem a

---

3   Livro VIII, capítulo 14.

4   *Teótimo*: assim chama São Francisco de Sales ao destinatário do seu *Tratado do Amor de Deus*. O nome vem do grego antigo e quer dizer «aquele que honra a Deus». (N. do E.)

oportunidade de fazer mais bens, cuja execução seria melhor para a glória de Deus do que seria fazer o discernimento do bom e do melhor ainda, com o que se divertiram. Não estamos acostumados a contar moedinhas, mas só dinheiro graúdo. Seria fastidioso e levaria tempo demais contar sempre o valor de tudo. Assim, não devemos pesar toda pequena ação para saber se vale mais ou menos que outras. Até existe superstição para fazer esse exame: porque a que propósito colocaríamos em questão se é melhor ir à Missa em uma igreja do que em outra, fiar do que costurar, dar esmola a um homem em vez de a uma mulher? Não serve bem a um mestre quem leva tanto tempo considerando o que tem que fazer, mas quem faz o que é necessário. É preciso medir nossa atenção consagrada à importância do que empreendemos: seria um cuidado desmedido penar tanto deliberando demais para fazer uma viagem de um dia como se para uma viagem de mil ou dois mil e tantos quilômetros.

A escolha da vocação, o desígnio de algum caso de consequência duradoura, de uma obra de longo alcance ou de alguma despesa bem grande, a mudança de casa, a escolha da conversa e coisas desse tipo merecem que pensemos seriamente o que é mais da vontade divina.

Mas nas pequenas ações cotidianas, das quais mesmo a falta não gera nem consequência, nem é irreparável, por que seria necessário se fazer de atencioso, preocupado, zeloso fazendo consultas

Textos de São Francisco de Sales (1567-1622)

inoportunas? Por que propósito eu me dedicaria a descobrir se Deus prefere que eu reze o Rosário ou o Pequeno Ofício de Nossa Senhora, se para Ele não teria tanta diferença entre um e outro que valesse uma grande enquete? Que eu vá ao hospital visitar os doentes ou às vésperas, que eu vá ao sermão em vez de a uma igreja onde há indulgência? Não há nada, em princípio, de mais louvável em um do que em outro, para que por isso seja necessário entrar em uma grande deliberação. É preciso ir de boa fé e sem sutileza nesses casos; e, como diz São Basílio, fazer livremente o que nos parece bom para não deixar nossa alma perder tempo e nos colocar em perigo de inquietação, escrúpulo e superstição.

Então, vejo sempre quando não há grande desproporção entre uma obra e outra e quando não encontramos nenhuma circunstância a considerar de uma parte mais do que de outra.

Mesmo nas coisas de grande consequência, é preciso ser bem humilde e não pensar encontrar a vontade de Deus de tanto examinar e cuidar das sutilezas do discurso. Mas, depois de ter pedido a luz do Espírito Santo, de ter aplicado nossa consideração buscando agradá-lo, de ter ouvido o conselho de nosso diretor e, se for o caso, de duas ou três outras pessoas espirituais, tem-se que se resolver e se determinar em nome de Deus e não, em seguida, revogar, colocar em dúvida nossa escolha, mas sim cultivá-la e sustentá-la devota, tranquila e constantemente. E mesmo

NA ESCOLA DO ESPÍRITO SANTO

com as dificuldades, tentações e diversidade de eventos que encontramos no progresso da execução de nosso desígnio, poderemos ter alguma dúvida se escolhemos bem. É preciso, no entanto, continuar firmes e não ver tudo isso, mas considerar que, se tivéssemos feito outra escolha, nos encontraríamos talvez cem vezes pior — sem contar que não sabemos se Deus quer que nos exercitemos na consolação ou na tribulação, na paz ou na guerra.

Uma vez tomada a resolução santamente, é preciso nunca duvidar da santidade da execução, porque, se não falharmos, a santidade não pode faltar; fazer de outra forma é marca de um grande amor próprio ou de infantilidade, fraqueza ou pequenez de espírito.

4. O Espírito Santo agia em Maria sem encontrar obstáculos[5]

Assim como vemos crescer a bela aurora, não com intervalos e aos solavancos, mas com uma certa dilatação e crescimento contínuos, que é quase insensivelmente sensível, de modo que realmente a vemos crescer em clareza, mas tão igualmente que ninguém percebe nenhuma interrupção, separação ou descontinuidade em seu crescimento; assim o divino amor crescia a cada momento no coração virginal de nossa gloriosa

---

5   Livro 7, capítulo 14.

Senhora, por ondas de crescimento doces, tranquilas e contínuas, sem agitação, nem tormenta, nem nenhuma violência. Ah! Não, Teótimo, você não deve pôr uma impetuosidade de agitação nesse celeste amor do coração maternal da Virgem; porque o amor, por si mesmo, é doce, gracioso, pacífico e tranquilo. Porque se ele, às vezes, toma de assalto, sacode o espírito, é porque encontra resistência. Mas, quando a alma lhe abre passagem, sem oposição nem contrariedade, ele progride pacificamente com uma suavidade ímpar. Assim, então, o santo amor espiritual empregava sua força no coração virginal de sua Mãe sagrada, sem esforço nem violenta impetuosidade, tanto que não encontrava nem resistência nem nenhum impedimento; pois assim como vemos os grandes rios borbulharem e ricochetearem com grande estrondo em leitos irregulares, onde os rochedos fazem bancos e recifes que resistem e impedem o fluxo das águas, ou, ao contrário, estando na planície, correm e flutuam suavemente sem esforço, igualmente, quando o divino amor encontra nas almas humanas muitos impedimentos e resistências, como na verdade todas têm — mesmo que diferentemente —, há violência, com ele combatendo as más inclinações, tocando o coração, impulsionando a vontade por diversas agitações e diferentes esforços, a fim de abrir espaço ou pelo menos ultrapassar esses obstáculos.

Mas, na Virgem Santa, tudo favorecia e vinha depois do curso do amor celestial. Os progressos e

NA ESCOLA DO ESPÍRITO SANTO

crescimentos deste se faziam incomparavelmente maiores que em todas as outras criaturas; progressos, no entanto, infinitamente sutis, pacíficos e tranquilos...

5. Os sete dons do Espírito Santo[6]

O Espírito Santo que habita em nós, querendo tornar nossa alma leve, dócil e obediente aos seus movimentos divinos e inspirações celestiais, que são as leis de seu amor, cuja observação consiste na felicidade sobrenatural desta vida presente, nos dá sete propriedades e perfeições que, na Sagrada Escritura e nos livros dos teólogos, são chamadas de dons do Espírito Santo.

Porém, eles não são somente inseparáveis da caridade, mas, considerando bem todas as coisas e estritamente falando, são as principais virtudes, propriedades e qualidades da caridade, pois:

— a sabedoria não é, na verdade, nada mais do que o amor que saboreia, prova e experimenta como Deus é doce e suave;

— o entendimento nada mais é do que o amor atento a considerar e penetrar a beleza das verdades da fé para ali conhecer Deus em si e só depois, descendo, considerá-lo entre as criaturas;

— a ciência, por sua vez, nada mais é do que o mesmo amor que nos deixa atentos a conhecer a nós mesmos e às criaturas para nos fazer chegar

---

6   Livro 11, capítulo 15.

Textos de São Francisco de Sales (1567-1622)

a um mais perfeito conhecimento do serviço que devemos a Deus;

— o conselho é, também, o amor que nos faz cuidadosos, atentos e hábeis para escolher bem os meios próprios para servir a Deus de forma sã;

— a fortaleza é o amor que encoraja e anima o coração para executar o que o conselho determinou dever ser feito;

— a piedade é o amor que suaviza o trabalho e faz com que nos entreguemos, de modo cordial, agradável e filial, às obras que agradam a Deus nosso Pai.

Como conclusão, o temor nada mais é do que o amor quando nos faz fugir e evitar o que é desagradável à divina Majestade.

Anexo 3
Liberdade e submissão

Existe uma grave questão subjacente a tudo o que dissemos neste livro: como conciliar a liberdade do homem com a submissão a Deus? Nós falamos muitas vezes da necessidade de sermos dóceis à vontade divina, de nos deixarmos guiar pelo Espírito Santo, etc. Alguém poderia contra-argumentar que o homem não é só uma marionete nas mãos de Deus. Onde estão sua responsabilidade e sua liberdade?

Esse receio é falso; é a tentação mais grave de que o demônio faz uso para distanciar o homem de Deus. Devemos, pelo contrário, afirmar firmemente que *quanto mais o homem é submisso a Deus, mais ele é livre.* Podemos até mesmo dizer que a única maneira de o homem conquistar sua liberdade é obedecendo a Deus. Isso é difícil de alcançar, e continuará sempre a ser um mistério, mas tentaremos fazer com que compreendam o porquê com uma série de observações:

1. A docilidade a Deus não faz do homem uma marionete. Se deixar guiar pelos mandamentos de Deus e pelas inspirações do Espírito não significa navegar em «piloto automático» sem ter de fazer nada: a docilidade deixa lugar para todo um

exercício da liberdade, da responsabilidade, do espírito de iniciativa, etc. Mas em vez do jogo da minha liberdade ser caótico ou governado pelos meus desejos superficiais, ele é orientado por Deus no sentido do que é melhor para mim. Ele se torna uma cooperação com a graça divina — cooperação essa que não suprime, antes usa todas as minhas faculdades humanas de vontade, inteligência, raciocínio e assim por diante.

2. Deus é nosso criador; é Ele quem, a todo momento, nos traz à existência enquanto seres livres. É Ele a fonte de nossa liberdade e, quanto mais estivermos na dependência de Deus, mais essa liberdade brotará. Depender de um ser humano pode ser uma limitação, mas depender de Deus não é uma limitação, porque não há limites em Deus, que é o bem infinito. A única coisa que Ele nos «proíbe» é o que nos impede de sermos livres, o que impede nossa realização enquanto pessoas capazes de amar e de sermos amados livremente, encontrando no amor nossa felicidade. O único limite que nos é imposto por Deus é nossa condição de criaturas: não podemos, sem que isso nos faça infelizes, fazer de nossa vida outra coisa que não seja a razão pela qual fomos criados — receber e dar amor.

3. O que é a liberdade? Não é fazer todos os meus caprichos, sem nenhum freio, e sim permitir que o melhor, o mais belo e o mais profundo de mim

Liberdade e submissão

mesmo possa emergir livremente, e não ser sufocado por coisas superficiais, como medos, apegos egoístas, falsidades. Se me submeto a Deus, essa submissão vai justamente como que me «despir» de uma crosta que paralisa, abrindo espaço para o que há de autêntico em mim.

A vontade de Deus, se me submeto a ela, vai se opor, sem dúvida, a toda uma parte de mim mesmo. Mas é precisamente a parte negativa que me condiciona e me limita, de que vou me livrar progressivamente. Por outro lado, a vontade de Deus nunca se opõe ao que há de bom em mim: aspiração de verdade, vida, felicidade, plenitude do amor, etc. A submissão a Deus diminui coisas em mim, mas nunca sufoca o melhor de mim mesmo: as aspirações positivas profundas dentro de mim. Pelo contrário, ela as desperta, fortifica, orienta, libera dos obstáculos à sua realização.

4. Isso é confirmado pela experiência: aquele que caminha com o Senhor e se deixa conduzir por Ele, experimenta progressivamente um sentimento de liberdade; seu coração não se restringe, não se sufoca, mas, ao contrário, se dilata e «respira» mais e mais. Deus é o amor infinito, não há nada de estreito nem de limitado nEle, tudo nEle é largo e amplo. A alma que caminha com Deus se sente livre, sente que não tem nada a temer, que nada a domina, mas que, pelo contrário, tudo se submete a Ele porque tudo é para o seu bem, as circunstâncias favoráveis como as desfavoráveis,

NA ESCOLA DO ESPÍRITO SANTO

tanto o bem como o mal. Ela sente que tudo pertence a Ele. Não é condicionada por nada, mas faz sempre o que quer porque o que quer é amar e isso está sempre em seu poder. Nada pode separá-la de Deus, a quem ama; ela sente que, se estivesse numa prisão, estaria feliz da mesma forma, porque, de toda maneira, nenhum poder no mundo pode lhe tirar Deus.

5. A verdadeira solução do problema não é filosófica, e sim existencial. No plano filosófico, podemos sempre suspeitar de uma contradição entre nossa liberdade e o poder divino. Tudo depende, no fim das contas, de como nos situamos diante de Deus! A oposição entre nossa liberdade e a vontade de Deus se resolve totalmente se nossa relação com Deus se torna uma ligação de amor, e é só assim que ela pode se resolver.

Aqueles que se amam unem livre e voluntariamente suas vontades, passam a depender um do outro, e quanto mais ligados e dependentes, mais felizes e livres. O adolescente é infeliz por depender de seu pai; essa dependência lhe pesa, pois ele preferiria ser autônomo e não precisar de ninguém. Mas o bebezinho (que devemos voltar a ser, segundo o Evangelho) não sofre por depender totalmente de seus pais — muito pelo contrário, porque esse elo de dependência é o lugar de uma troca de amor: recebendo tudo de seus pais é, na verdade, seu amor que ele recebe e acolhe e ao qual ele responde amando, sendo sua maneira de

Liberdade e submissão

amar justamente a alegria de receber e de devolver em forma de amor tudo o que recebe.

6. Isso significa que, se queremos que se resolvam as contradições (aparentes) entre o querer divino e a nossa liberdade, é preciso pedir ao Espírito Santo a graça de amar mais a Deus e o problema se resolverá sozinho. Amar a Deus é a coisa mais exigente que existe (pede uma doação total: *amarás o Senhor teu Deus de todo teu coração, de toda tua alma, por todos os meios*), mas ao mesmo tempo a menos regrada que há: amar a Deus não põe regras porque seu esplendor e sua beleza são tão grandes que amar é uma felicidade infinita. Deus é o bem infinito, amá-lo não restringe, mas amplifica infinitamente o coração.

Mas, por outro lado, se fugimos dessa perspectiva do amor, se a relação entre Deus e o homem for só uma relação de criador e criatura, de patrão e empregado ou coisa similar, então o problema se torna insolúvel... Só o amor pode resolver a contradição que existe entre duas liberdades; só o amor permite a duas liberdades se unirem livremente.

Amar é perder livremente sua liberdade, mas essa perda é um ganho porque ela me dá o Outro e me dá ao Outro. Amar a Deus é perder-se para encontrar e possuir a Deus e, ao final, encontrar a si mesmo nEle. *Aquele que tentar salvar a sua vida, perdê-la-á. Aquele que a perder, por minha causa, reencontrá-la-á* (Mt 10, 39).

93

Direção geral
Renata Ferlin Sugai

Direção editorial
Hugo Langone

Produção editorial
Juliana Amato
Gabriela Haeitmann
Ronaldo Vasconcelos
Roberto Martins

Capa
Gabriela Haeitmann

Diagramação
Sérgio Ramalho

ESTE LIVRO ACABOU DE SE IMPRIMIR
A 29 DE ABRIL DE 2024,
EM PAPEL PÓLEN BOLD 90 g/m².